SHODENSHA
SHINSHO

不動産激変

――コロナが変えた日本社会

牧野知弘

祥伝社新書

はじめに　テレワークお試しキャンペーンが、企業に投げつけたもの

　今から4年ほど前のことです。知り合いの不動産会社の女性部長が私の事務所を訪ねてきました。この部長さんとは特にお仕事でご一緒した経験はないのですが、ある会合で知り合って以来、ときおり情報交換を行なう間柄。いつものように業界の話題やらでひととおり話に花が咲いた後、彼女は私に妙な話を始めました。

「牧野さん、この前私、とっても変な会社の社長さんとお会いしたんですよ」

「え？　変な会社って」

訝（いぶか）しがる私に彼女が話してくれたのは、あるＩＴ企業のことでした。その会社、まだ若い社長さんですが近年、業績を急速に伸ばしているとのこと。それはまことにけっこうなことですが、驚いたのはそのあと。その会社の所在地は港区内のあるマンションの一室。つまり社長の個人宅。ところが社員は30名もいる、と言います。

「ええっ、うそ。事務所はないの？」

通常30名もの社員を抱えれば少なくとも１００坪くらいの事務所スペースが必要で

す。たとえば港区の六本木あたりで借りれば、普通のビルでも坪当たり2万５０００円は下りません。月額の賃料負担は２５０万円にもなるはずです。ところが事務所は一切借りていない、と言います。

それどころか、30名の社員は全国の都道府県に散らばっていて、仕事はすべてオンライン上ですませているというではないですか。

「そんな会社があるんだ。でもそれじゃ社員を管理できないし、だいいち会社組織が成り立たないんじゃないの？」

そんな私の質問に、彼女はさらに仰天(ぎょうてん)の話を付け加えました。

その会社の社員30名のうち、社長自身まだ一度も実際には会ったことがない社員が数名いること。いちおう取締役はいるものの、組織らしきものはなく、会合などはもっぱらオンライン上で行なわれているということ、などなど。つまり普通の会社のように、ナントカ部があって、ナントカ部長やその下に課長がいたりはしない、そんな会社だということでした。

その当時の私から見れば、そういった会社はおそらくＩＴ企業の中のさらにごく一部の特殊な会社にすぎないと思ういっぽうで、そんな会社が存在して売上を伸ばしているということに驚きを禁じえませんでした。

それでも実感の湧かない私は、彼女にもう一つ昭和世代ならではの大事な質問をしてみました。

「でも、やっぱり困るよね。会社の飲み会、社員同士の飲み会ってできないじゃん。それってなんだか息が詰まらないかな」

私の質問をすでに見越していたかのように、彼女は苦笑いをしながらこう言いました。

「そうなんですよ。私もそれが一番気になったのですが、飲み会もオンラインなんですって！」

会社の飲み会は、社員がそれぞれ自宅で好きな飲み物、おつまみをスタンバイ。パソコン画面上でおしゃべりしながら飲み会をするのだと言います。画面上ではさぞかし盛り上がらないだろうと思いますが心配ご無用、けっこう盛り上がるんだそうな。そいつはとてもじゃないけどついていけないな、と言って笑い合ったものでした。

あれから4年がたった2020年4月。前年の11月に中国武漢市で発生した新型コロナウイルスの猛威は、ついに日本全土に緊急事態宣言を発する事態に発展しました。国は国民に対して不要不急の外出を控えるよう強く要請。事務系ワーカーの多くが会社に出社せず、自宅で仕事を行なうことを求められたのです。

いわばテレワークの全国お試しキャンペーンが、突如として国内ほとんどの企業を対象に一斉に開始されることになりました。

これまで、どの企業も当然のようにオフィスがありました。なるべく社員や取引先が集まりやすいように、オフィスは都心の交通の便の良いところを選んでいました。良い立地に素敵なオフィスを構えることは企業にとってステータスでもあり、学生のリクルート活動にも大いに効力を発揮してきたからです。

そのオフィスに通勤せず、自宅でいつもの仕事をやるように命じられたのです。できるわけがない、会議はどうするんだ、お客さんに会えない、社員同士の意思疎通ができない、社員が野放しになる——多くの企業で、不安視する声が聞かれました。

でも全国一斉テレワークを行なって数カ月。意外とできちゃった、という声を多く耳にします。最初は機器の扱いに慣れずに無駄な時間を費(つい)やす、会議でもお互いの話すタイミングが噛(か)み合わないなど不都合があったものの人間は慣れてくるもの。今では使いこなす社員が増えてきました。これならなんとかこの非常時を乗り切れそうだと思った経営者もいたことでしょう。

ところが、このテレワーク、コロナ禍における緊急事態限定の働き方では収(おさ)まらないようなのです。私たちのこれまでの働き方に対する考え方というのは戦後、多くの働き手が事務系ワーカーとなり、会社に通って事務所で仕事をするのがあたりまえになってきたことに基づくものでした。

しかし、人類の働き方の歴史を振り返ってみると、縄文時代の働き手の多くは弓矢を持って狩猟を行なってきましたし、弥生時代以降は田や畑を耕す農民が主力に、産業革命以降は工場労働者が、その中心を担(にな)ってきました。

今、あたりまえのように毎朝毎夕、満員の電車に揺られて会社というハコに吸い込まれていく働き手たちの日常についての常識も、不変のものではないはずです。「テレワーク意外にできちゃった」という感想は、おそらく多くの働き手の働き方が新しい時代に相応して次なる変化の時に差し掛かっていることを意味しているのではないでしょうか。

新型コロナウイルスという恐ろしい感染症は多くのかけがえのない命を奪い、世界中の経済をストップさせました。なんとなく２０２０年は五輪がある。それまではなんとなく景気ももつだろう。多くの日本人が五輪という宴を前にのほほんとしていた、その鼻っ面を思い切りひっぱたかれたというのが今回のコロナ禍です。

しかし、社会の変化は目に見えなくても着実にやってくるもの。同じような組織、業界。成功者がほぼ決まり、新しいことも起こらないそんな変化に乏しいように見える日本社会の中でもやがて時代は変わるのです。

そしてその変化は今回、感染症の蔓延という、まったく夢にも思わぬ形で私たちの眼前に現われてきました。テレワークの社会実験が行なわれた今、日本の企業はこの事態に何を学び、どう変化していかなければならないのでしょうか。そして人々の生活を支える不動産はどうなるのでしょうか。

本書ではポスト・コロナで生じる生活常識の変化に焦点を当て、日本の不動産が変わることで日本社会構造がどう変わっていくのか、その未来像を探っていきたいと思います。

２０２０年８月

牧野知弘

〈目次〉

第4章　ライフスタイルが変わる　129

第5章　「街」が変わる　163

第6章　「不動産」が変わる　199

第1章

「仕事」が変わる

テレワークとリモートワークに、違いはあるのか

2020年初頭、7月に開催される東京オリンピック・パラリンピックを目前に控え、世の中が期待に胸膨(ふく)らませ始めていた頃、前年11月に中国武漢市で発生した新型コロナウイルスは、横浜港に停泊した豪華クルーズ船ダイヤモンドプリンセス号の船内のみでは収まることなく、春節を迎え大量に来日した多くの中国人観光客や海外から帰国した日本人などを通じて、国内に侵入、蔓延する状況となりました。

こうした状況を受け、政府や自治体から発せられるようになったのが、夜間を中心とした外出や大型イベント開催の自粛などの要請に加えて、主に事務系ワーカーに対するテレワークの実施という要請でした。

ところで、世間ではテレワークと並んでよく使われる表現に、リモートワークという言葉があります。テレワークとリモートワークとは、何か違う意味があるのでしょうか。「オフィスに出社しないで働く」という意味ではこの2つの言葉には違いがありませんので、どちらを使ってもかまわない、というのがいちおうの結論です。世の中ではこの2つの言葉がごっちゃになって使われていますので、あえて違いを探して

みましょう。

テレワークという表現は、主に国や大企業などが好んで使う表現です。というのも彼らにとって、テレワークという言葉には歴史があるからです。一般社団法人日本テレワーク協会という団体では、テレワークを次のように定義しています。

「テレワークとは情報通信技術（ＩＣＴ）を活用した、場所や時間にとらわれない働き方をいう」

Teleとは「離れたところ」という意味ですから、会社という普段の働き場所から離れて仕事をする、ということになります。したがって離れた場所であればどこでもよく、今回推奨された在宅勤務も範疇（はんちゅう）に入りますし、移動中や顧客先などでパソコンやスマートフォンなどを利用して仕事をする、あるいはひところ脚光を浴びたサテライトオフィスのようなところで働くことなどを想定しています。

テレワークという言葉には歴史があると言ったのは、実はこの日本テレワーク協会がもともとは総務省、経済産業省、厚生労働省、国土交通省にまたがる、４省所管の団体であったことに起因しています。この協会は１９９１年1月に日本サテライトオフィス協会として発足していて、当初は企業に勤務するサラリーマンの在宅勤務やサテライトオフィスの活用に関する情報提供を目的としていました。その後ＳＯＨＯが普及し、モバイルワークが進展する中、もっと広い意味でのテレワークの概念を取り入れ、名称を変更したものです。

この協会が発足する3年前の１９８８年、国内では富士ゼロックス、内田洋行、ＮＴＴグループ、鹿島、リクルートが中心となって埼玉県志木(しき)市の東武東上線柳瀬川(やなせがわ)駅前に共同のサテライトオフィスを設立しています。当時はバブル真っ盛りで、通勤電車も現在よりもひどい混雑ぶりでした。こうした就業環境を改善して自宅近くに勤務できるように、本社と同等の仕事が可能な情報通信設備を備えたオフィスを、志木市に設けたのです。

このサテライトオフィスは91年まで運用されますが、こうした大企業側の動きが日本テレワーク協会の活動につながっていったのだと推測されます。

これにひきかえリモートワークという言葉はどちらかといえばＩＴ、ベンチャー企業などで多く使われる印象があります。Remoteとは「遠い」「遠隔」という意味がありますので、オフィスから遠く離れた場所で仕事をするということになります。もちろん在宅勤務も該当しますが、リモートワークという場合には、オフィス以外で自分や仲間が働きやすい場所を選んで仕事をする、という積極的な意味合いが強いようです。ＩＴ系の会社やベンチャー企業は必ずしもオフィスが主戦場の仕事ではない、というところに起因しているようです。

まとめてみますと、テレワークは仕事のメインはオフィスにあり、さまざまな理由によってオフィス以外の場所で働くことを意味し、こうした仕事を補完するものとして情報通信技術の活用が行なわれるものといえます。

これに対してリモートワークは、自らの思想、好みで、あえてオフィス以外の働き場を探してそこをメインとする考え方に基づくものといってよいでしょう。

したがって今回のコロナ禍で突然、国や自治体から「自宅で仕事をしてください」という要請を受けたことについては、リモートワークというよりも、やはりテレワークと呼んだほうが適切だといえそうです。

テレワークにしてわかった、社員の出来、不出来

このように突然始まったテレワーク。当初はどの企業でも混乱の極みでした。特に中小企業は業種にもよりますが、もともと全社員がパソコンで仕事をしているわけではありません。社員にスマートフォンなどの情報端末を会社用のものとして支給されているケースは、一部に限られます。

ましてや、社員個人の自宅にパソコンが備えられているかといえば、多くの社員が自宅で日常、パソコンを使っているわけではありません。国や自治体ではこうした情報端末の整備について、各種の補助金を設定して支援体制を固めましたが、いったいどのようにして実際の仕事をやっていくかは当然、それぞれの会社に委ねられることとなりました。

大企業ではほとんどの社員が一人一台のパソコンを与えられ、仕事の多くがパソコンを使って行なわれていたことから、新たに機器を整備する手間はかからないところが多かったようです。ところが大企業ほど、セキュリティ対策が厳格に施されていたこともあり、テレワーク対応をするには、会社の内部規定を変更する、新たなセキ

ュリティ対策を施す必要があるなど、かなりの混乱も見受けられました。

さて実際にテレワークを実施するにあたっては、いくつか課題が発生しました。

まずは労務管理の問題です。社員が朝9時から夕方5時までちゃんと仕事をするかをどのようにチェックするかということです。オフィスであれば、監視の目が行き届きますが、自宅にいたのでは、自由気ままにさぼるのではないか、と疑ってしまうのが管理者側の性（さが）。

社員のパソコンの稼働時間をチェックする、始業にあたってはメールなどで確認する、zoomやSkypeなどの会議用ソフトを使って朝礼や夕礼のようなものを行なうなど、さまざまな工夫がなされました。終了にあたってもメールなどで報告をさせる、あるいはパソコンの電源を切ったことで業務の終了を確認するなどの方法がとられました。またコロナ禍が続く中で、社員の健康状態の確認のため、朝の始業時には各自の体温を報告させる会社も多くありました。

また、社員が一日で行なう業務内容についてはあらかじめ決めておいて、決められた時間までに成果を提出させるようになりました。オフィスであれば、管理者がその場で指示することができますが、テレワークの場合、直接指示を与えるにはどうしても情報端末上でのものになるので、一日でできる仕事をかなり詳細に組み立てるようになりました。社員から見ても、一日でやらなければならない仕事が明確になった、との声も多く聞かれます。

営業職に対しても取引先への訪問に支障が出る分、情報通信端末などを利用した営業活動が求められるようになり、そのための資料作成などについて細かな指示を出すようになりました。

テレワークは、当初導入を促された多くの企業が戸惑い、試行錯誤を繰り返しながら実践されました。私自身も自分の会社でテレワークを実施しましたが、なにせ初めての試みということで、実際のやり方については取引先や知人の社長や部長と頻々に情報交換をしながらの実施となりました。

その結果、情報交換した多くの方々とほぼ一致したのが、

「意外とテレワークできちゃうね」

という結論と、

「仕事ができる社員とできない社員が明確になった」
という驚くべき事実だったのです。

なぜ社員の仕事の出来不出来がテレワークで露わになったのでしょうか。テレワークを導入する以前は、会社に社員は毎朝当然のように出社してきました。出社をするということは、別にオフィスで仕事をするということとイコールではありません。ところが朝、出勤してきた社員の顔を見る。「おはよう」とあいさつをした段階で、なんだか仕事が始まっていると多くの管理者たちは思っていました。

社員はそれぞれの組織の中に配置されています。本来は各自に与えられた業務分担や役割、責任があるはずです。出社してきて机に座ったとたんに仕事は始まっているはず。そして夕方5時になると、業務を終えた（と思われる）社員から退社する。最近は働き方改革が唱えられ、残業はしない、させない方針もあって管理者は早く業務を終わらせて社員をいち早く帰らせようとする。社員が帰ればその日の業務は終了。

これが多くの会社での日常です。でもそれぞれの社員が一日本当に与えられたタスクをやり遂げているのか、実際の進捗はどうか、もちろん今現在気になっているプロジェクトやタスクについては、日中に担当の社員を呼んで逐一確認をしているかもしれません。ところが、その陰に隠れて「あれ？　君、そこにいたんだっけ」と思ってしまう社員がいるのも事実。その社員も、5時にさっと帰ってしまうと管理者の頭にもなんとなく残らない。数日経過してからそういえばあいつ、といったことになっていることが多いのではないでしょうか。

でもテレワークにすると、その日の成果が夕方には各管理者のもとに報告という形で上がってきます。管理者も社員一人一人の一日の働きぶりが把握できていない分、夕方の報告には慎重に目を通すようになります。その結果「なんだ、何にもできてないじゃないか」だとか「このやり方ではぜんぜんだめだ、軌道修正しなきゃ」など、多くのことに気づかされるようになりました。また時間内で社員がさぼっている場合、社員が思っている以上に管理者側からはっきりわかってしまうことにも、多くの管理者が気づかされたと言います。

それまでは真面目(まじめ)でコツコツやるタイプだとか、会議では威勢よく発言していたとか、上司には気遣(きづか)いが上手、などと褒(ほ)められていた社員が意外にもテレワークにしてみると「ぜんぜんわかっていない」「資料の一つも満足に作れない」などなど、思ってもみなかったことがわかってしまうというような結果になっているということです。

いっぽうで、地味で根暗で社員の評判はイマイチだった社員がテレワークで与えたタスクに対しては正確に時間通りに出す、それだけでなくネット上であれば、ものすごく的確に雄弁に提言もするなど、社員の隠れた能力に気づかされたとの声も多く聞かれました。

テレワークによって一日の業務を明確にし、社員一人一人に対してオフィスではない自宅という空間で取り組ませることによって、社員の能力を別の角度から測ることができるようになったのです。

社員の側からしても今まではオフィスで仕事をしていても、雑音や電話音、社員の話し声などで集中できなかったのが、一人で仕事に向かい合うことで成果を出しやすくなった、という声も多く聞かれました。

結果として会社から見れば、思いもかけなかった社員の出来が良く、出来が良いと思っていた社員がただのお調子者だったなどという新たな発見があったというのが、このテレワーク全国一斉お試しキャンペーンの結果、判明したことなのです。

テレワークで露見した「上司、組織なんていらない」

管理者にとって思わぬ方向から社員たちの能力をチェックできてしまったテレワーク。ほくそ笑(え)んでばかりというわけでもありません。テレワークにした結果、実は社員の側からも管理者の能力が「丸わかり」になってしまったのです。

多くの会社の課長、部長と呼ばれている人たちは、会社から与えられた一定の職務権限のもと、それぞれのタスクを遂行しています。各課はそれぞれで社員を抱え、役割分担をし、課全体としての成果を出します。部になると各課が出してきた成果を管轄し、部全体としての成果を最大限に発揮できるようにしていくことが求められます。

現場ではどうでしょうか。実際に細かな作業を行なうのは社員たち。課長は出勤してくると社員たちの仕事にいろいろ指導という名の口出しを始めます。仕事内容についてはもちろんですが、人によっては社員の一挙手一投足に細かな指導を加えます。また指導というよりも愚痴に近い会話まで頻々に行なわれています。

たとえば課長。直下の係長相手に、

「係長、あの仕事どうなってるんだ？　いつまでたっても出てこないじゃないか。何やってんだよ」

それに対して、係長は愚にもつかない言い訳を始めます。

「課長、それはですね。取引先のですね。部長がですね。なかなかアポイントが取れなくて。何度も連絡しているんですがね。それが」

「連絡の取り方が悪いんじゃないか。もっと工夫しろ！」

こういったほとんど意味のない会話を繰り返し行なっているのが実態です。

同じような会話は部長と課長との間でも交わされます。

「おい、君。困るね。あのプロジェクトはわが社にとって今期の決算に絶対に計上しなければならんこと、わかってるよね。何をのほほんとやってるんだ」

「いえ、けっしてのほほんとなどやっておりません。至急しっかりと対応いたします」

「おお、そうか、頼んだぞ」

社員の側から見れば、いつもはオフィスの中で延々と繰り広げられるこうした会話のやり取りが、テレワークで在宅勤務となるとまったく耳に入らなくなります。テレワークを行なったら仕事に集中できた、という声が多く聞かれたのは、会社内でのこうした、あまり生産性のない会話を聞かずに仕事に専念できるという、環境変化が大きく作用していることが窺(うかが)えます。

社員は実はこうした上司と課長、あるいは部長の愚痴、叱責(しっせき)など、いろいろな社内の声にかなり敏感です。ああ、また課長が怒られているとか、あの部長いつも口うるさくていやだななど、オフィス内を飛び交うさまざまな雑音に聞き耳を立ててしまっているのです。

部長や課長は、出社してきて、ただ椅子に座っているだけで「仕事してます」的な感覚になっている人が多いようです。でも役職があるために、彼らの会話や態度で意外なほど社員たちはいらぬ時間を費やしています。

テレワークになると、このオフィス内環境は激変します。端的に言って部長や課長の声はほとんど耳に入ってこなくなります。彼らは人にもよりますが、若い社員に比べて相対的にネット操作は劣ります。ということは必然、今までのように社員一人一人に細かな指導がしにくくなります。

たとえば、社員との１対１の会話であれば、

「おまえなあ、もっと気合入れてな。がんばるんだ」

という指示もネット上でやると、感情部分がまったく伝わらないためになんだかセリフの棒読みみたいな言葉の羅列になってしまいます。顔と顔を向かい合わせて課長としての思いを込めて発するセリフと、ネット上での伝達には大きな隔たりができてしまうのです。

受け止める社員から見れば「はあ？　何言っちゃってるの」です。また社員の側も直接面と向かって言われている気がしないので、心に響きません。オフィスと違って誰にも見られていないので画面から隠れてあっかんべをしたところで、誰からも怒られたりしないのです。またこうした指導がほとんどまったく意味のないものであるこ

とが、ネットの画面上で見るとわかってしまいます。なんだ、課長ってただの体育会系バカ？　社員は妙に冷静に上司を評価してしまいます。

こうした状況により、会社の管理者側の立場から見ても従来のような手法、たとえば相手の感情に訴えかけるような、そんな手法がほとんど通じないということを嫌というほど思い知らされることになります。

テレワークでは、管理者側は社員に対してもっとロジカルに指導を行なわなければなりません。その場の感情はご法度（はっと）。なんとなく上司としての態度でわからせることもできません。「あ、うん」の呼吸なんて無理。たとえば業務が遅れがちな社員に対して、業務が遅れている理由は？　その理由となっている事象は何？　その事象を解決するためには何が必要か？　その改善によって今の状況はどれだけ解決できるのか？　それでも遅れるとするならば最悪のリスクは何？　といったロジカルな問いかけをして、業務を改善の方向に持っていくことが求められるのです。

もちろん、こういったロジカルシンキングはオフィス内でも常に行なわれていなければなりません。ところが、なんとなく部長としての威厳だとか強面（こわもて）の課長などといった偶像で、社員を萎縮させ、また管理者側でもそうすることで仕事が進行しているような錯覚を起こしていることに気がつかなくなっているのです。

そうした仮面が通用しないテレワークの世界では、社員の側から見て、上司の能力が丸わかりになってしまいます。

では、部長クラスになるとどうでしょうか。テレワークの世界では面白いことに、役職が上の人間ほど「やることがない」という事態に陥りります。実際に自分で資料を作るわけでもない。部下への指導は課長以下の仕事。常日頃はちょっと課長を手招きして「君ねえ」などと言っていればよかったのが、肝心の課長も在宅ときています。話し相手がいません。

また部長以上になると、仕事のほとんどが人と会うことになります。社内では課長だけでなく、本部長や取締役との打ち合わせ。外部は取引先や関連する業者の社長クラスとの面談。ところが、こうした面談は web 上のやり取りを除いてはほとんどなくなってしまいます。会議を開催するにしても、ちょっとした打ち合わせを行なうにしても、操作に慣れない通信端末でのセットが必要。こちらが慣れていたとしても取締役は何もいじれない。仕方なく一人自宅の机に向かうと、はて？　何もやることが思いつきません。おおむねこんな辛い思いをしているのがテレワーク時代の役職者です。

さて、こうした事態を見るにつけ考えさせられるのは、本当にこれまでのような組織は必要だったのかということです。会社と社員を1対1の関係にしてしまった結果、見えてきたのが管理者の役割と組織の有効性です。みんなが一カ所に集まることによってなんとなく隠れていた組織内の無駄がテレワークをやった結果、曝け出されてしまったのです。

会社として、この無理やりやらされたテレワークがもたらした課題は、実は大きかったのです。

効率化した会議。実はオフィスは無駄口の巣窟だった

オフィスにおける仕事でもう一つ重要なものに、会議があります。

この会議というやつは役職が上がるにつれて増えていきます。営業会議、部長会、本部長会、リスク管理委員会、業務推進会議などなど、毎日たくさんの会議でスケジュールが埋まっていきます。

社員たちは会議の資料の作成に多くの時間を割くことになります。管理者は資料をもとに、あっちの会議、こっちの会議と飛び回ります。実は内容的にはあまり代わり映えのしないテーマをオウムのように繰り返し説明しなければならないことも多いのですが、会議を梯子しながら一日が終わっていくのが多くの役職者の日常です。

さて、テレワークになっても当然会議をやらなければなりません。web上での会議では会議用のソフトを利用します。zoomだとかSkypeといった会議用ソフトがあり、出席者全員のパソコン、スマホなどの情報端末をつなげます。最近はソフトの性能が向上し、出席者が会議資料や動画を画面に表示することもできますし、発言する人だけを映す、あるいは出席者全員の個別の画面を並べることも可能です。

音声もずいぶん改善しました。初めのうちは端末の操作ができずに肝心の会議開始時刻になっても部長が接続できない、などといった笑えない話もありましたが、機器の扱いには慣れがあります。そうした意味では、現在では多くの会社が普通に会議ソフトを使いこなすようになってきているものと思われます。

このweb会議にもいろいろな効能があることがわかってきました。まず、テレワークを前提とした社員が参加する社内会議。最初に戸惑ったのが、会議に出席する服装でした。さすがに自宅でスーツ着て参加というのも妙なので、ビジネスカジュアルにする会社が多くありましたが、中には服装自由というところもあります。

さて画面上に全員が揃ってみると、一人一人の服装に目がいくようになりました。普段オフィスの会議だと、あまり気にも留めなかった部長のスーツ姿。ところが自宅での服装。ビジネスカジュアルというよりもこれってゴルフカジュアル？　ジャージ姿だったりしたら、ただのそのへんのおっさんにしか見えません。オフィスではちょっと緊張感を伴った部長の姿が格下げです。

また、各画面の背景がそれぞれの自宅ということになります。部長、書斎じゃなくてここダイニングじゃない？　ジャージ姿でダイニングに座っている部長に対する社員の印象は、これまでのものとだいぶ変わってきます。もちろん、服装や場所なんてビジネスに対する判断力や指導力と何の関係もありません。的確な指示を出し、社員を導いてくれるのならば問題なし。ところが、これまでとかく座っているだけだった部長になると、社員から見てただ、ダイニングに座っているおっさんになってしまいます。

　大企業と言われているところほど、部長以上の役職者には会社の門をくぐれば仕事をしていることになる、会議の場に座って周囲を睥睨し咳払いでもしていればみんなが忖度するとしか思っていないのではと、疑りたくなる人が多いものです。こうした形だけの役職者をweb会議は炙り出してしまうのです。

　web会議の場では司会進行がとても大事になります。なにしろ全員が同じオフィスの会議室に居るわけではありません。各議題に則って、説明者を促し、質問する人を的確に指名していかなければなりません。

　実はオフィスで行なわれるリアルな会議では、出席者の無駄話が多いのです。会議中であっても役職者などは、ちょっとした思いつきでテーマとはあまり関係のない話を始めたりします。それでも出席している社員たちは、部長のお話なので素直に聞く。顔を見られているので、部長がこちらに顔を向けると頷いて見せる。ときたま

「そうですよね」などと相槌（あいづち）を打つ。すると満足そうな部長。よし、これでよい、などと余計なことばかりで時間が費やされていきます。

ところがweb会議になると、基本的には音声が主力になります。パソコン上の小さな画面が会議室になってしまうため、相手の顔や表情はあまり読み取ることができません。オフィスの会議室では、音声以上に視覚で会議の雰囲気を感じ取ることができるのですが、web会議では誰が何を言うのかに出席者みんなが集中する傾向にあります。

その結果として無駄口がなくなります。集中して無駄口を聞くことほど骨が折れることはないからです。「昨日のゴルフでさあ」なんていう話題は集中して聞いている社員たちからは、「はいはい、それは後回し」になってしまうのです。司会者も次にどんどん進めなくてはならないので、淡々と会議を進めることになります。

そうなると、もう一つ妙なことが起こります。会議で部長などの役職者が置いてけぼりになるという事実です。オフィスでのリアルな会議になれば、司会者は常に場の空気を読むことができます。そろそろ部長が発言したそうだな、あるいはここは課長の出番だよね、というタイミングが彼らの表情を見ているとおのずとわかるものです。

ところがweb会議では、そのあたりの空気が読みづらいのです。淡々と進めるあまり、課長や部長の存在を忘れてしまいます。だって見えていないので。部長にとってもいったい自分がどこで発言するか、以前に比べて戸惑います。そこで、どうでもよいタイミングでいきなり部長に発言の場を用意してしまったりすることになります。

部長もやっと発言のマイクを向けられ、話し始めます。ところがこれもいつものリアルな会議と趣（おもむき）が異なります。誰が自分の話に関心を持って聞いてくれているのかがわからないのです。いつも頷いてくれる社員、「なるほどですね」などという合（あ）いの手もありません。自分は偉いので何か気の利（き）いたことを言わなくてはならないのに、反応がない。結局多くの人がつかみどころなく、延々としゃべり続けることとなります。言葉の重みが今までの会議とはまったく違ってくるのです。これでは部長の能力も丸わかりです。

web会議はこのように会議自体をひじょうに効率的なものにしたことは、導入した多くの会社から聞こえてくる話です。そして管理者たちの能力もあからさまになるという副産物までもたらされることになったのです。

テレワークやweb会議への取り組みを通じて判明したことは、いかに会社という組織が無駄だらけであるかということです。一日オフィス内で過ごす社員の生態を今一度見直してみると、会議だけでなく、職場も無駄口の巣窟であることに気づかされます。

パソコンに向かって仕事したふりをしながらネットで遊ぶ、トイレに行ったついでに社員とゲームの話で盛り上がる、コーヒーを淹れに行ってそのまま給湯室でしゃべくる。

会社組織では社員同士の横のつながりもたしかに大切な要素ではありますが、みんなでつながっていることが逆に各社員の生産性、あるいは管理者たちの管理力に甘えを与えてきたことに気づかされたのが、この全国テレワークお試し期間だったのです。

働き方改革とは、なんだったのか

２０１８年6月29日、安倍首相の私的諮問機関である働き方改革実現会議が提出した「働き方改革を推進するための関係法律の整備に関する法律」、通称「働き方改革関連法案」が可決・成立し、２０１９年4月よりその一部が施行されました。

２０１２年12月に成立した安倍政権は、これまでとても覚えきれないほどたくさんの政策目標、スローガンを掲げてきました。このうち働き方改革というのは、２０１６年に打ち出された一億総活躍社会の実現をベースに、その実現に向けての法律という位置づけになっています。

働き方改革の目標としては主に３つが定められています。

１つ目の目標は長時間労働の是正です。日本は世界の中でも長時間労働が常態化している国と言われています。滅私奉公して会社のために長時間働き続けることを美徳とする国民性や、それにまつわる社会常識を変えていこうというものです。具体的には厳しい残業時間規制を設け、大企業については月50時間を超える残業に対しては、賃金割増率を50％にするなどの施策を盛り込みました。

2つ目の目標は、正規・非正規社員の不合理な処遇格差の是正です。日本ではバブル崩壊後長引くデフレ社会の到来で、多くの企業が正社員の採用を抑制し、非正規社員の雇用を増やしてきました。その結果同じ仕事を行なっているのに非正規社員の賃金が正社員の6割程度に抑えられ、福利厚生施設等の利用においても不当な格差が生じている、というものです。こうした格差をなくしていこうというのが目的です。

そして3つ目の目標が、多様な働き方の実現です。この目標の中で謳(うた)われているのは、勤務する場所と勤務時間が限定されている現代の働き方を変えていこうというものです。その理由として、世の中には労働意欲があっても労働に参加できない人が多く存在することを問題として掲げています。たとえば子育て中であるとか、親の介護で労働に多くの時間が割けないような境遇にある人たちに、積極的に労働に参加できる機会を創出していこうというものです。実は働き方改革の一連の施策の中でテレワークという働き方が推奨されるのは、多くがこの部分です。

テレワークという働き方は、あくまで現在、種々の事情でオフィスに通勤して仕事を行なうことができない人向けに、企業と個別に契約して情報通信端末などを活用して働いてもらうことが趣旨であるように受け取れます。企業と労働者の労働環境を職場に固定させずに通信などでつなげることによって、新たな労働力を確保しようというのが目的だったのです。さらにこうしたテレワークの実施にあたっては労働者の時間管理の徹底が不可欠であること、労働者に過度な労働をさせないようにすることも付け加えられています。

この法律で登場するテレワークの意味合いとは異なり、今回のコロナ禍に伴って世の中の多くの企業が実施を余儀なくされたテレワークは、本来の働き方改革には位置付けることができない働き方であったといえそうです。

働き方改革法案の中身をあらためて見ると、個々の改革案がいかに現状の労働環境を前提に構築されているかがよくわかります。基本的に仕事というものはオフィスに労働者が通勤してきて一定時間、働く。だから長時間労働はやめよう。同じ仕事をしているはずの社員の間での格差をなくそう。働き手は多様であるはずのものだから、もっと柔軟な働き方も認めよう。ここにあるのは今までやってきた働き方を根本から改革するのではなく、考え方を「改定」した程度のものに見えます。

しかしどうやら今回、コロナ禍であわててテレワークをやってみた企業の多くでは、今までの働き方そのものに対する疑問が出てきたと言えそうです。それは労働生産性に対する意識改革につながるものです。

働き方改革でも指摘されているように日本における労働生産性の改善は急務です。日本は残念なことに労働生産性においてはOECD36カ国中21位。なんとアイルランドの半分。G7に至っては最下位です【図表1 44－45ページ】。

国はどうやら、この労働生産性の低さは、日本人が長時間働くからだという思い込みがあったようです。だから残業時間を抑制する、一定時間以上に残業したらペナルティを与えるという施策を生み出したのです。

ところが、テレワークをやってみたら会議はやたらに効率化する。web会議でやることによって会議時間は短くなる。いちいち回線をつなげて会議するのは面倒だから会議数は減らす。それでも大勢には影響はない。社員たちにもオフィスに来て無駄話にうつつを抜かすのではなく、決められた時間に決められたタスクをしっかりと与えれば、優秀な社員であれば、むしろ集中して仕事に取り組むようになる。その結果できの悪い社員まで炙り出すことができた。管理職もいったい何が本当に管理すべきことなのか、よく整理できた。

テレワークは実は日本企業の労働生産性を大いに向上させるヒントを与えてくれたのです。これまでは社員全員が通勤電車に揺られて都心の立派なオフィスまで通勤してきて、みんなが一堂に集まり、仕事することが最も効率的な働き方だと信じられてきました。

ところがみんなが集まることには実は弊害もたくさんあった。社員同士がもたれあう、誰が仕事をリードし、どこに責任を持つか、本当の意味での役割分担が曖昧なのも日本の企業組織の特徴でした。こうした実態に対する気づきを今回のコロナ禍は教えてくれたのかもしれません。

働き方改革は国の思惑とは別に、改革どころか革命と言ってもよいほどの強いインパクトを企業に与えました。おそらくこの働き方改革も、今まで乱立してきた他のスローガンと同じようにおしゃかになってどこかの隅へと追いやられることでしょう。

なぜならこの改革が前提としている企業における働き方そのものが根本から変化して

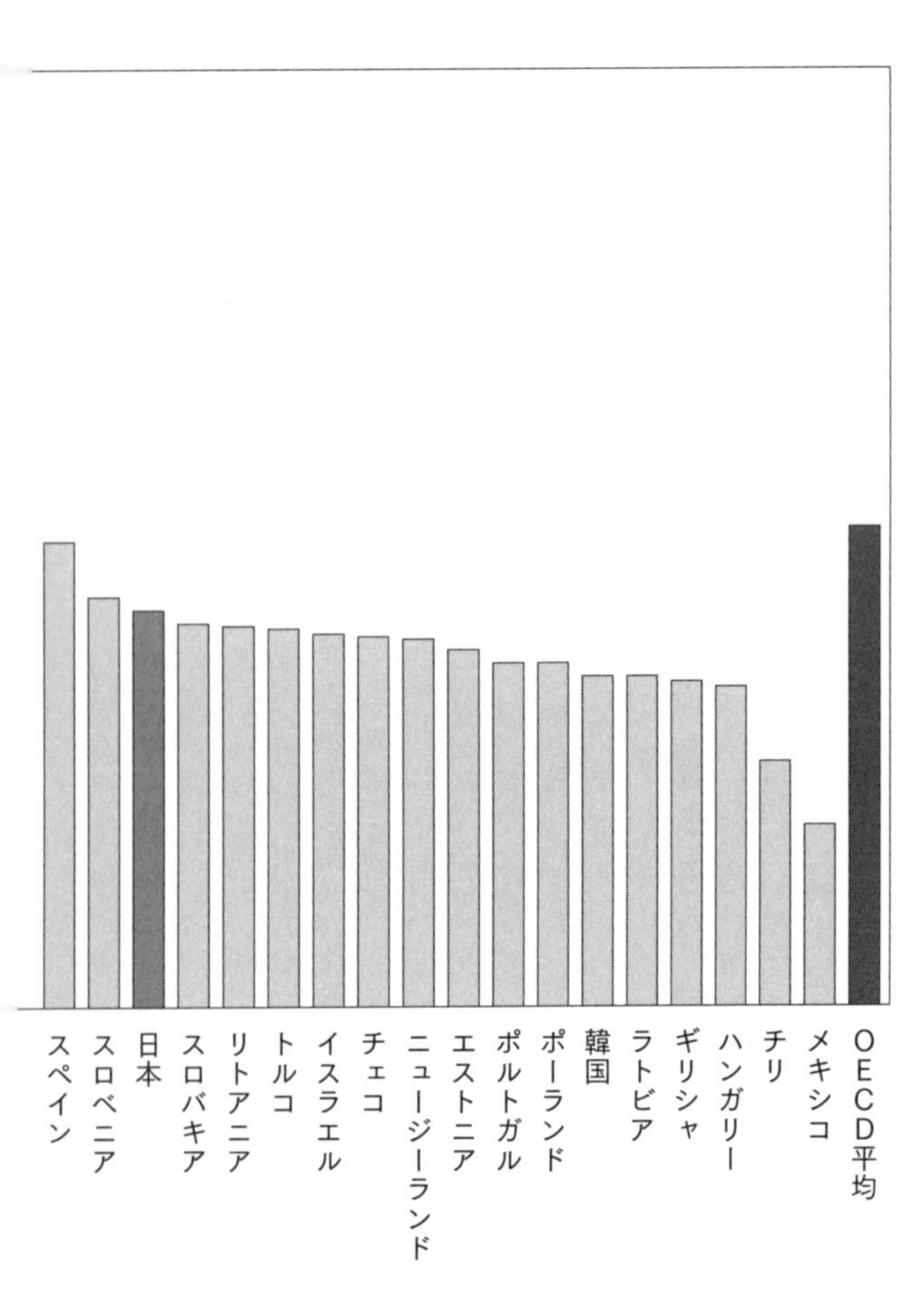
スペイン
スロベニア
日本
スロバキア
リトアニア
トルコ
イスラエル
チェコ
ニュージーランド
エストニア
ポルトガル
ポーランド
韓国
ラトビア
ギリシャ
ハンガリー
チリ
メキシコ
OECD平均

出典：日本生産性本部

[図表1] OECD加盟国の時間当たり労働生産性(2018年)

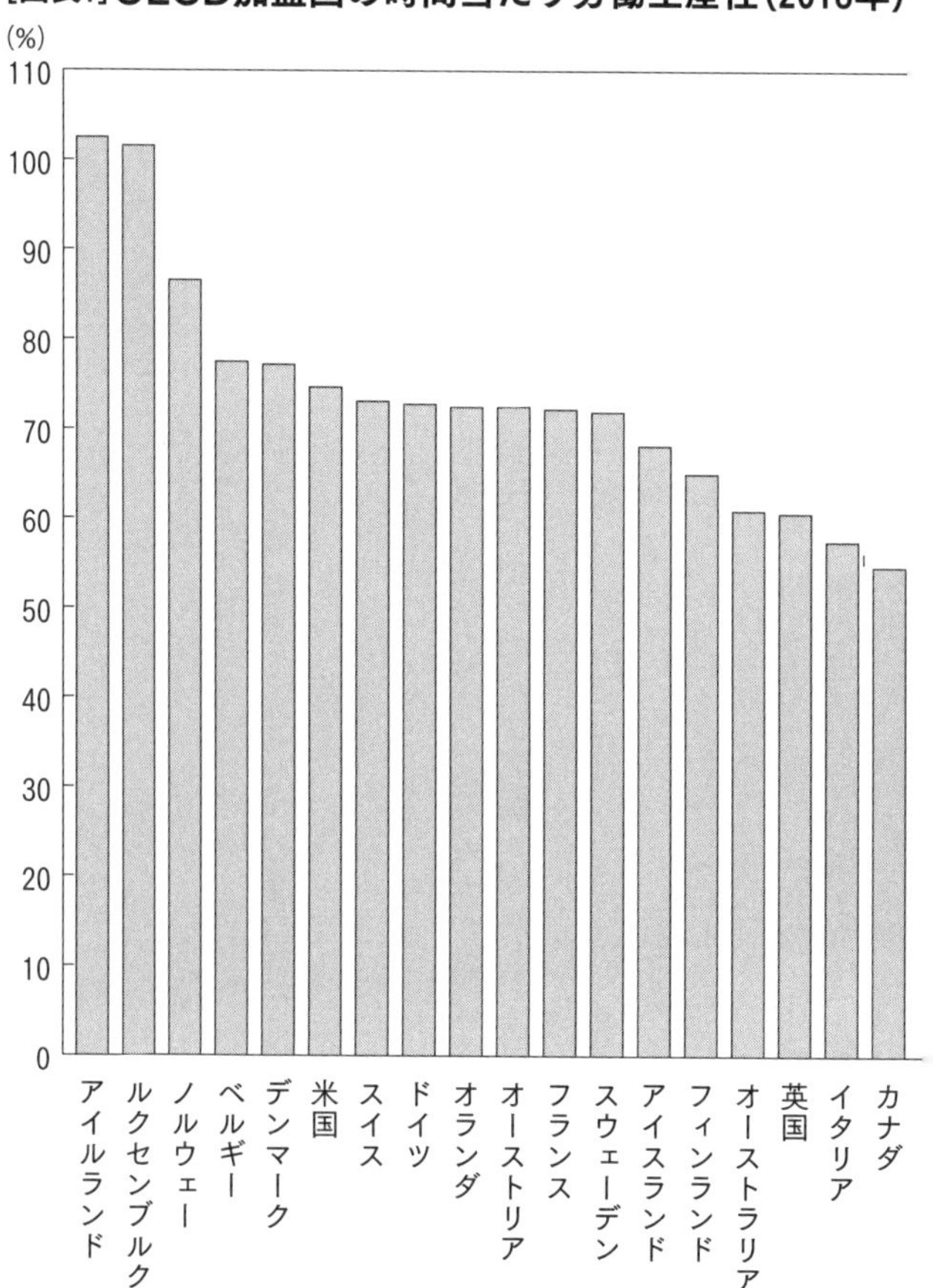

いくのが、これからの日本であるからです。

社員監視システムの必要性

さて、それでは多くの企業で、今回お試しでやってみたテレワークやweb会議をコロナ後も積極的に取り入れようと考えるならば、企業は何に留意していく必要があるのでしょうか。

嫌な表現ですが、おそらく社員に対する監視体制の強化でしょう。これまで会社は社員に毎朝会社の門を潜(くぐ)らせることによって、その存在を確認すると同時に彼、彼女の就労意欲を確認する。一日を会社という仕事場に張り付けていればさぼらずに働く。そして集団の中に存在させることによって、やんわりと行動を監視することができました。

ところがテレワーク中心の仕事になれば、社員たちは自宅だけでなく、今後はコワーキング施設、カフェ、友達の家、海の前の別荘、ヨットの甲板で働き出すかもしれません。場所だけではありません。働く時間が自由化すれば、夜に一番パフォーマンスを上げることができる社員は夜中に働くかもしれません。

企業にとってはオフィスに来ない分、社員の働く場所や時間を監視する必要に迫られることになります。

すでにパソコンに取り付けられたカメラで画面に向かう社員の様子をチェックし、パソコンから離れていないか、キーボードはちゃんと叩かれているか、マウスを操作しているかなど、遠隔監視が行なわれるようになってきています。

それだけでは心許（こころもと）ありません。社員の健康状態、たとえば体温、心拍数、血圧などを測定するようになってくるでしょう。また社員の働いた時間と実際のパフォーマンスを細かく測定して、各社員の労働生産性を数値化するような動きも出てくるでしょう。これが高じれば、生産性が落ちている社員に対して、シグナルを送る。電磁波などを流して仕事を強制させるなどの動きも出てくるかもしれません。

あたかも社員というロボットを意に沿うように動かすようなシステムが登場しないとも限りません。どんな世の中にあっても完璧な働き方がない分、これからもさまざまな働き方改革が行なわれていくはずです。

仕事が変わっていくことは、企業のあり方にも大いに影響を及ぼしていくことでしょう。それは戦略の変化、あるいは組織の変化につながります。今、日本社会は急速に変容する時代の狭間をさまよっているのです。

第2章

「会社」が変わる

巨大オフィスは空箱に

働き方が変わる、ということは企業組織が変わる、あるいは経営手法が変わってくることを意味します。さてこれからの時代、会社はどのように変わっていくのでしょうか。

コロナ禍が生じる一年ほど前、以前一緒に本を出版したことがある出版社の編集者が、私のところに訪ねてきました。新しい企画の打ち合わせがひととおりすんだ後、彼はやや深刻な顔つきで、私に相談事があると言ってきました。

「うちの会社、今度埼玉県に引っ越しちゃうんです。自分は横浜の奥のほうなので、ちょっと通えないのですよ。マンション、去年買ったばかりだし、本当に参りました。今さら埼玉に引っ越すのもね。都内はマンション高いし」

都心部のオフィス賃料はここ数年高騰が続いています。都心を抜け出して郊外にオフィスを構える企業が出てきても仕方がない、という事情はわかります。そのとき、私ができたアドバイスは横浜のマンションは賃貸に出して、その賃料でローン返済しながら、埼玉県で賃貸マンションを借りれば、という程度の情けないものでした。

ところが、それから数カ月後、件の担当者がやってきたので、

「おすまい、どうなりました？」

と尋ねたところ、彼はすがすがしい顔で、

「あっ、埼玉には引っ越しません」

とおっしゃいます。

「えっ、通う決心ついたんだ」

「いいえ、本社には基本的に通わなくてよいことになったんです」

編集者の仕事は著者のところに行くのが主体、原稿もワードなどのパソコンソフトが中心となったので、都心のコワーキング施設などを活用して編集し、あとは本社に送信すればすんでしまいます。埼玉の本社には月数回通えばよいことになったため、横浜から引っ越す必要はなくなった、と言います。

これは、ほんの一年前の話です。私も小さな会社を経営する経営者の端くれ。そのときの彼の話は妙に納得できるものでした。きっと本社側からすれば、まず埼玉県に移転することでオフィスなどの固定費は大幅に削減できます。ただ、神奈川県や千葉

県在住の社員の通勤費は膨らむ。

ところが、編集の仕事なんて毎日本社に来てやるような仕事ではない。都心部にはコワーキング施設が増えたので、そこで仕事させていれば基本はすんでしまうはず。月数回の会議などに出席してくれればそれでよい。本社の社員も少なければ、さらにオフィス賃料を節約できる。

これは、出版業務に多少詳しくなった私には理解しやすいものでしたが、今回のコロナ禍でやってみた全国テレワークお試しキャンペーンを経て、企業は今後どういった行動をとるようになるのでしょうか。

まずテレワークをやってみた結果、多くの会社で業務が効率化したという事実があります。個々の社員のタスクが明確になり、決められた時間内に仕上げることが、「オフィスでなくてもできる」どころか、部門によってはかえって労働生産性が上がった会社が多く出たというのは、経営者側から見て驚くべきことでした。

これまでは渋谷にオフィスを構えることは、会社の先進性を語る、ブランド力を誇示する絶好の宣伝材料でした。学生の就職活動でもお洒落(しゃれ)な街、渋谷で働くことは、多くの学生に好感されてきました。

超高層ビルのかっこいいオフィスに勤める。何千人もの社員が一堂に集まり、先輩たちは手取り足取り指導してくれる。そんな会社で自己実現。たくさんの企業ポエムが作られ、夢を抱いて入社してくる学生たち。

また企業側も多くの社員を一堂に集めて仕事させることが労働生産性を向上させると、信じてきました。オフィスは分散しているよりも集中させる。それにはみんなが集まりやすい都心がよい。渋谷であれば若者受けもよいではないか。

ところが、テレワークをやってみて多くの社員が感じたのが「通勤しなくてよい」という幸せでした。渋谷まで満員の通勤電車に乗って毎日通うことの不合理に気づいてしまったのです。感染症に限らず、満員の電車に長時間滞在するのはリスクの塊(かたまり)です。また、時間の大いなる無駄でもあります。

会社側から見れば、何も全員が雁首(がんくび)揃えて出社して来なくてもかなりの業務ができてしまうという、新たな発見がありました。それどころか、テレワークは社員の能力を的確に「見える化」することで生産性を大幅にアップさせることが、判明してしまいました。

そうなれば、企業はどういった行動に走るでしょうか。

オフィスはヘッドクォーター部分だけにして、営業などその他の部門の多くはテレワークにする。それは在宅勤務だけではなく、コワーキング施設やサテライトオフィスなども活用して仕事をどんどん効率化する動きとなるでしょう。業務の指示や研修などもオンライン化が進むことで、立派な本社ビルという存在は次第に空疎なものになってくるでしょう。

さらに今回のコロナ禍は、企業のヘッドクォーター部分に対しても新たな課題を突きつけています。私の知り合いの会社では、今回のコロナ禍で、本社機能を全国3拠点に分散させることにしたそうです。

これまでは東京都心部のオフィスにすべての本社機能を集約させ、役員も同じフロアに集まって仕事をしていたのですが、今回のコロナのような感染症が今後も繰り返し発生することを想定すると、同じフロア、ましてや同じ部屋に全役員が密集している状態は、会社にとって「最大のリスク」であることを悟ったからだと言います。また、役員が別々の場所にいても、web会議などで役員同士の意思疎通が図れるということになれば、役員陣はより現場近くに配置して意思決定を早くすることもできるはずです。

情報通信機器の発達は営業手法にまで及んできそうです。営業は電話やメールですませるのではなく直接会ってする。営業職を経験したものであれば、誰もが上司から口酸っぱく教え込まれるものです。ところが、お互いに離れていても、web会議などでかなりの部分やり取りができることになれば、互いに行ったり来たりせずにすまそうという動きが出てきます。

そうなれば何も都心部に立派なオフィスを構えて社員に媚びを売ったり、取引先やお客様をお招きするための豪華な設えを用意したりする必要もなくなってきます。ましてや毎日、渋谷や六本木で遊びまわるわけでもないのですから、繁華街にある必要もなくなるわけです。

実際、ＧＡＦＡと呼ばれるＩＴ業界を代表する企業は、本社をニューヨークやロンドンなどの大都市に置いていません。

東京では今、オフィスの新築ラッシュを迎えています。いずれもがワンフロアの床面積が数百坪から１０００坪を超えるような超大型のオフィスビルです。賃料も坪当たり４万円から５万円クラス。それらの多くの建物が同じ建物内にホテルや商業施設、美術館や映画館などを兼ね備えた複合ビルになっています。ところがこうした施設の多くは、このビルで働くほとんどの社員にとっては別に普段の会社生活で使わないものばかりです。超高層複合ビルの多くが、ステータスばかりを強調した見栄の塊のような存在なのです。

コロナ禍のような事態が今後も何度となく、日本を、あるいは世界を襲ってくることも予想され、人々の間には３密を避ける行動はトラウマのように残るでしょう。何も毎日オフィスに集まらなくても仕事ができると気づいた社員や管理者たちにとって、今後都心にある無用にでかいハコに価値を見出すことがあるでしょうか。

ひょっとするとこれらのオフィスビルは都会に佇む「巨大な空箱」になるのかもしれません。

就社から、職能を「売る」業務委託社会へ

次ページに掲げた表は大学生文系理系別の就職人気企業ランキングです。バブル真っ盛りだった１９８９年と30年後の現在を比べてみました【図表２】。

１９８３年に日経ビジネスが「企業30年説」を唱えて話題を呼びましたが、東京商工リサーチの調べでは２０１７年に倒産した企業の平均寿命は23・５歳だそうです。しかしこのデータには中小企業も含まれています。大手企業になるとその寿命はだいたい60年程度ではないかと言われています。

そこでこの表を見返してみると、なるほど学生は30年前も現在も、見事に大企業への就職を希望していることがわかります。業種こそ時代を反映して、以前は金融系、今では食品、ゲーム系などが人気ですが、商社や航空、電機、保険などは30年間ずっと鉄板の地位を誇ります。

では、こうした大企業に就職する意味合いは何でしょうか。就活にあたってはどの学生も「やりがい」だとか「成長できる」といった抽象的な発言をしますが、簡単な話、大企業なら安心・安全だからというのが大きな理由であることは昔も今も変わら

[図表2]就職人気企業ランキング

文科系

	1989年	2019年
1	三井物産	JTB
2	三菱商事	全日本空輸
3	JTB	東京海上日動火災保険
4	JR東海	ソニー
5	日本電信電話公社(NTT)	日本航空
6	伊藤忠商事	味の素
7	電通	伊藤忠商事
8	住友銀行	コナミグループ
9	全日本空輸	ソニーミュージックグループ
10	第一勧業銀行	アサヒビール

理科系

	1989年	2019年
1	日本電気	ソニー
2	ソニー	味の素
3	富士通	明治グループ
4	日本電信電話公社(NTT)	カゴメ
5	日本IBM	富士通
6	松下電器産業	トヨタ自動車
7	日立製作所	サントリーグループ
8	三菱電機	アサヒビール
9	東芝	森永乳業
10	鹿島建設	オムロン

出所:マイナビ

ないのではないかと思います。もちろん、大企業のほうが中小企業よりも年収が高いところが多いでしょうし、福利厚生だって充実しています。おまけに都心の良い場所の立派なビルに入居しているなどというのも、これまでの有力な選択理由だったと思われます。

いっぽうで、特に文系学生に特徴的だと思われるのが、では会社に入って何をやりたいのかという目的です。企画がやりたいだの、海外営業がしたいだの、いろいろ聞けばそれなりの答えが返ってきますが、大企業になるほど組織は巨大でなかなか学生の希望を叶えてくれることはありません。たとえば「君は総務で働いてもらうよ」と言われ、企画や広報志望だった学生が、「それはできません」と言って入社を断念するといったケースは日本の場合は稀です。

つまり、いちおう聞かれればなんだかんだと御託を並べますが、実際はそのブランド会社の一員に加わりたいというだけの「就社」であるのが就活の実態です。だから採用する側も自分の会社の風土と目の前にいる学生の気質が適合するのかを、重要な選考基準としているのです。

大企業に就職すると、たいてい親は喜んでくれます。ところがベンチャーに入るだの、独立起業するだの言おうものなら大変な心配をされます。本当は自身の能力をフルに活用して、大企業のサラリーマンになるよりもはるかにアグレッシブな生き方を選択しているはずなのに、親は心配する、反対するのが日本社会です。

では大企業に入るとはどういうことでしょうか。私自身も大企業サラリーマンを都合20年ほど経験しましたが、大企業で働くということはよくも悪しくも、会社という「村」に入村するということです。そしてその会社の寿命が尽きる前までに定年を迎え、恙なく退職金をもらい年金をいただく身になる。これが大企業ハッピー人生といえるものです。そのことを実現するために最も大切なのは、「村の掟」を守ることです。

一般的には、あまり冒険をしないほうが大企業では出世できると言われます。つまりどんなにつまらなく非合理な掟であってもこれをかたくなに守りながら、村の中ではなるべく仲良くする。上司にかわいがられ、無茶はけっしてしない。上司を上回る能力や才能があってもけっしてひけらかさない、そうやって村社会の中を上手に泳ぎ切ることが求められるのです。

最近では、大企業は良い人材を入れるために、オフィス環境の整備に走っています。新しいオフィスでは、社員の健康に配慮してバランスボールのような健康器具を配置する、充実した休憩スペースを設ける、社内にカフェやバーを用意する、中にはシャワールームまで備える会社まで出現しています。そこまでして社員のご機嫌をとるのもどうかと思いますが、要は大企業村の一員として会社にどっぷり浸かっていただくことを意図したものにしか見えません。

しかし、コロナ禍となり、テレワークという一大社会実験に参加してみて、多くの大企業で社員や管理者には「気づき」があったはずです。会社に通って同じフロアで濃厚接触を続けるリスクを、多くの社員が感じたはずです。またテレワークを通じて、会社という舞台に毎日登場しなくても仕事ができてしまう。通勤という行為がどれだけ無駄でリスクの高い時間であったか、認識を新たにする。上司に嫌味を言われずに仕事ができる。同僚や先輩後輩との無駄口に気を取られることもない。自分ができる仕事が何であるかを発見できる。会社と自分という関係あるいは距離にいろいろ

「気づき」があったはずです。

管理者側はどうでしょうか。社員を村社会での村民、あるいは家族として囲ってきた会社から見て、村の外に出してもリモートコントロールすることで、実際の仕事のかなりの部分が回っているという新たな「気づき」。労働生産性が大幅に上がったという現実。ダメ社員とできる社員があからさまになったという驚き。

これならば別に都心の賃料の高いエリアで無理に看板を掲げずとも、優秀な社員に自宅やその周辺で仕事をしてもらっていれば、オフィス経費や通勤費など大幅なコスト削減になる。時間管理もテレワークでしっかり「見える化」すれば、残業をさせずに時間内に出てきた成果だけで評価できるようになるのではないか。それなら膨大な額の残業代も相当節減できるはず。実はどんなに若い社員にゴマをすっても、今どきの子はちょっと気に入らないことがあれば速攻、辞めてしまうから、あまりこんなことにお金をかけるのもどうかと思う。

さて双方の考え方の接点にあるのが、職能による働き方です。大きな会社に入って他所（よそ）よりも高い給料をもらう。会社というブランドで生きていく。これまでの「就社」で会社にぶらさがって、何とか定年まで過ごせたのは現在の60代までです。そんなことはわかっているはずなのに、なんとなくここにいれば大丈夫なのではないか、と漠然と考え、就職のときの意気込みも萎んで日々流されてきた社員にとってコロナ後は、おそらく大きな環境変化が起こる時代になります。会社寿命説はやはり生きているのかもしれません。

仕事は、ブランド尊重からアビリティ重視の時代へ

職能で働くということは自分の仕事力で給与をゲットすることです。この方式に最もふさわしい給与体系は申すまでもなく、年俸制ということになります。これからは大企業でも社員の能力に応じて、出社日とテレワーク日を調整しながら仕事ぶりを評価されるようになるでしょう。

こうした環境変化は、つきつめれば新卒一括採用と定年制度の終焉につながります。職能での仕事は、その人の能力を磨くのは会社の仕事というよりもビジネススクールや職業塾の役割となります。また職能で評価されるようになれば、定年まで養っ

てくれるような理想郷＝村はもはや存在しなくなる代わりに、定年などに関係なく働ける環境になるからです。日本企業はこれまで社員の能力開発にはほとんどお金をかけてきませんでした【図表3】。それはただ、村の掟をジョブローテーションのもとで学ばせれば十分で、それ以上の専門的な知識を得る必要がなかったからでした。

しかしそうしたこれまでの常識が覆（くつがえ）され、自らの職能を個々の社員が身につけるようになると、考え方が変わります。つまり、社員の多くが個々の職能を「売り」にすればするほど、会社との関係は「村」への加入ではなく、個々の会社との「業務委託関係」へと変化していくでしょう。

これまでの日本の会社はブランド重視でした。大企業は社会の中のあらゆる面で優遇されてきたと言えます。たとえば、あなたがマンションを買いたいと思い、銀行に行って住宅ローンを申し込んだとします。手続きに必要な年収を証明する源泉徴収票やその他の書類で、ローンが実行できるか銀行は審査をするのですが、年収云々よりも一番評価されるのが勤めている会社名、つまりブランドです。大企業にお勤めであれば、無茶な資金計画でない限りたいてい審査は合格します。

[図表3]日本企業は社員の能力開発にお金をかけていない

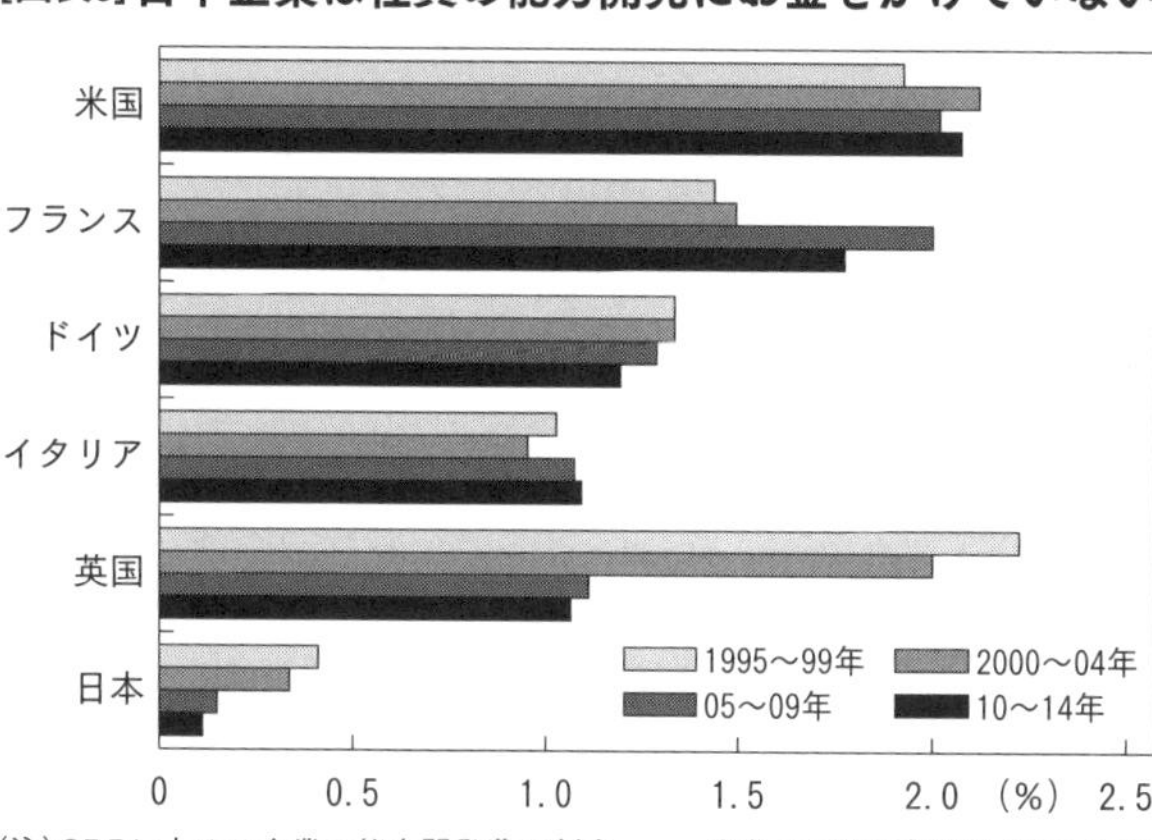

（注）GDPに占める企業の能力開発費の割合　　出典：厚労省「労働経済の分析」

住宅ローンは20年や30年も借りる長期ローンです。長期であるほど、本来は借りる個人の人生におけるリスクは高いはずです。ところが大企業勤務というブランドは、おそらく大企業を辞めるなどという馬鹿げた行動はしないだろうという前提と、もちろん大企業であれば傾くこともないという勝手なクレジット付与のもとに審査が行なわれるからです。

ところが勤め先が魅力的で今後大いに流行るであろう、新しい事業に取り組むベンチャー企業に勤める入社半年の社員であれば、審査では即行はねられるのが日本の銀行における融資審査というやつです。しょせんは彼らには会社のブランドでしか借り手を評価する能力がないからです。

ポスト・コロナの時代はたとえば、自身の能力を売りに複数の大企業と業務委託契約を締結する社員も出現するでしょう。否、これはおそらく「社員」という身分ではなく、もはや「個人事業主」と言ってよいでしょう。

彼らの働き場所は個々のオフィスではなく、自宅であったり、コワーキング施設や別荘であったりするかもしれません。ただ、自らの能力さえあれば、それを自分で時間をコントロールして、自分の好きな場所で仕事をするようになるでしょう。

彼らにとっては、特段大企業というブランドは必要ありません。社員同士の親睦も飲み会も必要ありません。毎朝毎夕出社するわけではありませんので、村の掟を気にする必要もなくなるわけです。したがって契約先の会社にあるバランスボールもカフェもシャワールームも何も関係ないということになります。

働き方はブランド依存・重視の時代から、能力・アビリティ重視の時代に確実に変わっていくはずです。これまでは、ある決められた仕事を会社と業務委託契約を結んで遂行してもらうのは、下請けの会社やコンサルタント会社などの役割でした。

しかしこれからの企業社会においては、会社に縛られて毎朝毎夕通勤するスタイルから、会社に従属せずに、会社という組織からはやや離れて働く社員や、自らの職能で複数の会社と契約して多くの年収を稼ぐスタイルが定着していくでしょう。

こうした状況になると、会社における人事評価の体系もずいぶん変わるはずです。勤続年数だとか複数の重要な部門に配属経験があるとか、たまたま属した部門で大きな成果が上がった、などの理由で評価されることがなくなるでしょう。

また会社組織の中ではよく、社員の間の潤滑油的な存在の社員がいるものです。あまり成績は良くないのですが、部内での盛り上げ役がいる。人柄は抜群で社員からは人気がある。仕事はできないけど宴会には欠かせない自称、宴会部長。こういった存在はこれからの時代では会社の中での居場所を失っていくかもしれません。かわいいけどちょっとドジで天然な女子社員、という位置づけも微妙でしょう。

社員の多くが職能で働き、評価されるということは、みんなが集まってもたれあいながら働いてきたこれまでの組織では「まあ、居てくれてもかまわないや」と思われていた多くの社員たちに引導を渡すことになります。

これに対して、冷たい人間関係は日本人には似合わない。会社は運命共同体。職能で働くのは外人部隊。直系のたたき上げを育ててこその組織。そもそもそんな能力のある社員ばかりではない、などという意見もあるでしょう。しかしこの感想こそが、日本をG7の中の労働生産性最下位に貶めている最大の要因であると言ってもよいのです。

最近の大企業を中心とした企業CMを眺めていると、多くが会社としての製品を宣伝するとか戦略を訴えるというよりも、ポエム的な内容のものばかりになっていることが気がかりです。世界での激しい競争から引き離され、日本という落ち目になりかかったマーケットの中だけでいくら愛を叫んでも、むなしいものがあります。みんな一緒にがんばろうといった内容も、相変わらず日本人同士がもたれあう絵姿を描いているようにしか見えません。

せっかく試してみたテレワークから見えてきた本当の意味での働き方改革は、これまでの企業ブランドに頼り切ってぶら下がる働き方から、アビリティを磨き、これを正当に評価される働き方が主流になっていくことを示しているのです。

会社組織はアナログからデジタルに

社員の多くが職能によって働くようになると、これまでの会社組織にはどのような影響が出てくるでしょうか。

日本の多くの会社はピラミッド型の組織を形成しています。新入社員のほとんどは入社後3、4年程度、肩書がありません、いわゆるヒラというやつです。会社によって呼び方は違いますが、その後、リーダーだとか主査などといった若手内でちょこっと上をイメージさせる呼び方となり、さらに係長、課長補佐、課長代理といった管理職一歩手前を想起させるような呼び方になっていきます。

ここまでは社員個々の能力とは無関係に年齢に応じて肩書がついていくのが、ごく一般的な人事です。そしておおむね課長への昇進時に、選抜が行なわれます。日本の大企業といわれる伝統的な会社組織においては課長に昇進するためには10年から15年程度はかかるのが常識です。課長以降は年齢や会社への貢献度などに応じて次長、部長補佐、部長といったように肩書はどんどん煌(きらび)やかになります。

また多くの会社では、これとは別に職能級のような制度も取り入れています。部長という肩書がなくても「部長相当」の能力があると会社が認めているということです。組織をまとめたり、指示したりしていく能力には物足りないが、仕事を行なう実力、能力はある、と会社側は認めているという理屈です。

　しかし、実態がどうかと言えば、会社が成長していかないとポストが限られてしまういっぽうで、年齢が進んできた社員たちを一定限度においては遇(ぐう)してあげなければならないという、妥協の産物になっているのが否(いな)めないところです。日本の多くの企業では実はこの「職能」というものを、部長や課長といった組織上の役職よりも劣位に見る傾向があるのは、ただ単に社員の人口構成の歪(ゆが)みとポストのないことに対する言い訳に使っているだけだからなのです。

　こうした組織体系は、大企業という「村」の論理から組み立てられています。村ではみんなが仲良く暮らしていかなければならない。とりわけ村に長く住んでいる民に対しては、まだ年限の短い村民よりたくさんの果実を分け与えてやらなければならない。若い頃は頑張ったから。苦労をしたから。我慢もさせたから。年長者は村の中では尊敬される。現在ではほとんど会社に貢献していなくても高い処遇を与える。実はこうした組織体系や人事制度は、労働生産性という観点からは明らかに非効率です。テレワークが進み、職能を売りにして報酬をもらう社員が主流になる時代に、はたしてこの論理は通用するでしょうか。

現代の企業、とりわけ大企業には中間管理職が大勢います。課長とか次長といった肩書の人たちです。テレワークが進む中で、課長は部下の社員たちに対する指導や指示の仕方に悩んだはずです。社員たちはいつものように会社の席には座っていません。ちょっと声をかけてアドバイスするといったことができません。今までは村社会の中で、課長席に座っているだけで一定の存在感が示せたのに、情報通信端末を通して社員たちの面倒を見なければならなくなりました。

社員たちに対して以前よりもかなり細かな内容のタスクを指示し、期限通りに提出された資料に目を通す。そしてこれらのピースをいかに組み立てて課全体の付加価値を上げていくかというのが、課長としての役目となります。

もちろんテレワークをやったからといって、課長としての役割が変わるわけではありません。ただ、これまでは社員がひとところに集まってきてなんとなく一日が過ぎていったのが、社員一人一人と毎日タスクチェックで向かい合う、まるで毎日面接をしているような気分になってきたと、多くの課長が思ったはずです。

この変化には、これまでの「村」の中でのアナログ的な組織論理と、情報通信端末を通して社員と会社（あるいはここでは課長）、が1対1でつながるデジタル的な組織論理の違いがあるのです。

デジタル的組織においての課長の役割は、徹底して課全体の仕事のクオリティを向上させることにフォーカスされます。課の中で毎日繰り広げられるさまざまな雑事から解放されるかたわら、課長としての能力が、部長など自分以上の役職から丸わかりとなってしまうのです。

テレワークは社員個々の能力をかなり「見える化」すると言いましたが、それはいっぽうで、課長においてもまったく同じことを意味しているのです。

日本の会社組織ではよく「262の法則」があると言われます。つまり社員の約2割は会社のために本当に役に立ち、リードしていくことができる優秀な社員。また逆に約2割はいわゆる落ちこぼれ。会社にぶら下がるだけで何の生産性もない人たち。

そして残りの約6割が普通の社員。素晴らしくできるわけでもないがまったく役に立たないわけでもない社員たちです。

　こうした前提で会社は経営され、人事制度や報酬体系もおおむねこうした法則の中で、人より多少高かったり、低かったりの調整をしているのが実態です。

　ところが、これからのデジタル的組織になるとこの法則は継続できるのでしょうか。実は一番クローズアップされるのが、この中間層、つまり組織全体の6割を占めている普通の社員たちです。なんとなく「ふつう」と思われていた社員たちの実力が、1対1のデジタル化された組織のもとでは実力差が露わになってしまうからです。

　この組織の中では普通の社員たちの中で生き残ることができる社員と、ただ会社に寄生しているだけで、実はさほど能力もない社員とを選別していくことになります。テレワークで毎日出てくるアウトプットを正確に評価していけば、実力差はこれまでの組織の中では見抜けなかった部分においてもクリアになる。その結果この中間層の社員たちを分離、選別できるはずなのです。

　つまり、「262の法則」は「230」になるということです。たとえば6割の普通の社員の中で半分に相当する３割部分だけが生き残る。この３割を徹底的に鍛え上げて底上げする。そして残りの３割はもともと仕方なく養っていた２割のダメ社員もろとも退場させられるのが、これからの会社組織です。よく「２６２の法則」は、リストラをして組織を縮めても結局、組織は２６２に戻り、均衡してしまうと言われます。

しかし、この説はあくまでもこれまでのビジネスモデルを前提にした組織での議論です。これからのビジネス社会では、ダメ社員をはじめ淘汰される社員たちがこれまでちんたら行なっていた仕事のすべてを、ＩＴやＡＩなどが代替してやっていくことになるのです。日本の労働法では米国などと違ってすぐにレイオフはできないので、ダメ社員でも雇用は確保されますが、どうでしょうか。

「君は今後、ずっとテレワークしていればよいから」

といって、毎日自宅のダイニングでパソコンを広げて待っていても、まともな仕事はほとんど来ない。仕方がないから電源入れっぱなしのパソコンを持って街中をうろつくような野良(のら)リーマンが溢(あふ)れかえる時代になるかもしれません。この人たちはすでに会社に出社することすら叶わない社員になるのです。

さて、選別される6割の普通の社員の分岐点はどこでしょうか。やはり彼、彼女の仕事がどこまで会社に貢献しているかです。会社を経営していて、たまにイラっとするのが、人事の面談等の場で社員から、

「わたし、がんばってるじゃないですか」

と言われることです。このセリフに村社会にどっぷり浸かり、その村の中で甘えて暮らそうという魂胆が透けて見えるからです。がんばるだけなら誰でもできる。冷たい言い方に聞こえるかもしれませんが、がんばることに価値があるのではなく、肝心なのはどうがんばるか、何に対してがんばっていくかなのです。

もうお気づきだと思います。会社は現在の5割の人員でできるはずです。そうすれば労働生産性は飛躍的に向上します。ＯＥＣＤの順位も上位にランクインすることでしょう。日本企業はこのくらい、アナログ的組織の中に多くの無駄を抱えているのです。労働生産性が低いのは残業をだらだらやることだけではなかったのです。

このように考えてくると、これからのデジタル的組織とはどのような形態になっていくでしょうか。おそらく、既存の組織から中間管理職の多くが淘汰されていくと思われます。なぜなら1対1で社員と会社がつながる。社員は一つの会社に従属する社員としての関係から、複数の会社と業務委託契約を締結する個人事業主的な存在に変わってくれれば、これらを取りまとめ、わかりやすく整理して会社の上層部に説明するような調整を主な仕事とする中間管理職的な役割というのはごく少数でかまわない、ということになるからです。

中間管理職がなくなり、社員のタスクが直接会社のヘッドクォーターに送られ処理されるようになれば、組織はおのずとピラミッド型から文鎮型に変わるはずです。部長や課長といった組織も必要なくなり、社員たちは誰のもとに仕(つか)えているとか、部長のゴルフのお相手をするから出世するなどといった村の論理は、いっさいまかり通らなくなることでしょう。

そしてこの変化は、やがて大企業を頂点にした日本の産業構造にも大きな変革をもたらしていくことになるのです。

大組織の崩壊〜大企業信仰の終焉（しゅうえん）

　企業という村に毎日通勤して、村の中の論理だけで働き、報酬を得る。これがあたりまえだったときには、働くということはそれほど難しいものではありませんでした。働くことの意味合いの多くが、組織の一員であるという安定的な基盤の上に成り立っているからです。

　働く場所が基盤であるならば、その基盤はなるべく大きく強固なもののほうがよい。それはすなわち、大企業であるほど安心であるという理屈になります。就活をしている大学生の思考パターンは、まさにここにあります。

　日本ではいつの頃からか良い家に生まれて、多額の教育費を惜（お）しげもなく注（つ）ぎ込まれて良い学校に入り、良い会社であるはずの大企業に無事就職をするというのが、人生の成功パターンになっています。これはある意味エリート層の再生産をやっているようなものです。この循環が長期にわたることになれば、社会には新たな階級が生まれ、格差はどんどん拡大していくことでしょう。

　現在では、たとえば政治の世界でそうした弊害が指摘されています。先代の地盤を引き継いだだけの二世あるいは三世議員ばかりが国会を占め、民の本当の傷みや苦しみを理解できない、しようともしない政治に失望している人もいます。

実は、大企業社会の中でも同じような閉塞感が出始めています。二世や三世社員が増えたというわけではありません。同じような思考回路を持つ金太郎飴のような社員ばかりで組織が構成されるようになってしまっているのです。あたりまえです。これまでの学校教育では、言われたことを素直にやる子が高く評価されてきたからです。

特にテストでの成績偏重を改め、内申書を重視するようになってからはこの傾向がひどくなったように感じます。以前は先生に逆らうヤンチャな一面を持っている子でも、テストの成績が良いと一定の評価がなされました。ところが、今はある程度内申書の評価を高めないと学校では評価されにくい仕組みとなっています。

そうした競争をくぐり抜けてきた、優秀であるはずの学生たちはやはり安定基盤を持った大企業への就職に憧れる。採用する側もほとんどがこうした良い子たちで占められているので必定、自分たちと同じような種類の学生を採用してしまう。やがて組織は硬直化してしまうのですが、同様な思考回路の社員ばかりになってしまうと、そもそも硬直化しているという事態そのものにまで気がつかなくなる、いわゆる大企業病と称される状態に陥ってしまうのです。

会社の上層部はよく、改革だ、下克上だと叫びます。とりわけ社長が交代になるとほぼすべての新社長は「わが社には今こそ改革が必要だ」と言います。「前社長の施策どおりにやります」などと言うと、何だか社長交代した意味がないのではと考えてしまうからです。しかしどんなに気張った改革でもしょせん大企業という村の中で起こることなどは、他所から見れば、おままごとに等しいレベルのものです。

日本企業が世界中から称賛され、世界のマーケットを席巻していた時代はとうの昔に過ぎ去りました。次ページの表は１９８９年と２０１９年における世界の大企業の時価総額ランキングです【図表４】。89年と言えば日本はバブル真っ盛り。この当時の時価総額上位30社のうち日本企業はなんと21社、７割を占めていました。ＮＴＴを筆頭に銀行、電力、自動車、鉄鋼、電機など、日本の主力産業は世界の隅々にまでその勢力を拡大していました。

ところが、あれから30年。２０１９年のランキングには日本の企業はただの１社も

[図表4]

1989年 世界時価総額ランキング

順位	企業名	時価総額(億ドル)	国名
1	NTT ●	1,638.6	日本
2	日本興業銀行 ●	715.9	日本
3	住友銀行 ●	695.9	日本
4	富士銀行 ●	670.8	日本
5	第一勧業銀行 ●	660.9	日本
6	IBM	646.5	米国
7	三菱銀行 ●	592.7	日本
8	エクソン	549.2	米国
9	東京電力 ●	544.6	日本
10	ロイヤル・ダッチ・シェル	543.6	米国
11	トヨタ自動車 ●	541.7	日本
12	GE	493.6	米国
13	三和銀行 ●	492.9	日本
14	野村證券 ●	444.4	日本
15	新日本製鐵 ●	414.8	日本
16	AT&T	381.2	米国
17	日立製作所 ●	358.2	日本
18	松下電器 ●	357.0	日本
19	フィリップ・モリス	321.4	米国
20	東芝 ●	309.1	日本
21	関西電力 ●	308.9	日本
22	日本長期信用銀行 ●	308.5	日本
23	東海銀行 ●	305.4	日本
24	三井銀行 ●	296.9	日本
25	メルク	257.2	米国
26	日産自動車 ●	269.8	日本
27	三菱重工業 ●	266.5	日本
28	デュポン	260.8	米国
29	GM	252.5	米国
30	三菱信託銀行 ●	246.7	日本

2019年 世界時価総額ランキング

順位	企業名	時価総額(億ドル)	国名
1	アップル	9,409.5	米国
2	アマゾン・ドット・コム	8,800.6	米国
3	アルファベット	8,336.6	米国
4	マイクロソフト	8,158.4	米国
5	フェイスブック	6,092.5	米国
6	バークシャー・ハサウェイ	4,925.0	米国
7	アリババ・グループ・ホールディング	4,785.8	中国
8	テンセント・ホールディング	4,557.3	中国
9	JPモルガン・チェース	3,740.0	米国
10	エクソン・モービル	3,446.5	米国
11	ジョンソン・エンド・ジョンソン	3,375.5	米国
12	ビザ	3,143.8	米国
13	バンク・オブ・アメリカ	2,016.9	米国
14	ロイヤル・ダッチ・シェル	2,899.7	米国
15	中国工商銀行	2,870.7	中国
16	サムスン電子	2,842.8	韓国
17	ウェルズ・ファーゴ	2,735.4	米国
18	ウォルマート	2,598.5	米国
19	中国建設銀行	2,502.8	中国
20	ネスレ	2,455.2	スイス
21	ユナイテッドヘルス・グループ	2,431.0	米国
22	インテル	2,419.0	米国
23	アンハイザー・ブッシュ・インベブ	2,372.0	ベルギー
24	シェブロン	2,336.5	米国
25	ホーム・デポ	2,335.4	米国
26	ファイザー	2,183.6	米国
27	マスターカード	2,166.3	米国
28	ベライゾン・コミュニケーションズ	2,091.6	米国
29	ボーイング	2,043.8	米国
30	ロシュ・ホールディング	2,014.9	スイス

出所：ダイヤモンド社

名を連ねていません。日本の時価総額トップはトヨタ自動車がなんとか35位になっているだけです。トヨタ自動車を例にとれば、この30年間に時価総額は５４２億ドルから１９３９億ドルに３・６倍に増やしていますが、19年トップのアップルは９４０９億ドル。その差は４・８倍にまで拡大しているのです。

現在、世界をリードするのはＧＡＦＡと呼ばれるグーグル（アルファベット）、アップル、フェイスブック、アマゾンなどのＩＴをベースとしたサービス業です。ところが今、日本企業で彼らに肉薄できる会社は存在しません。このＧＡＦＡにマイクロソフトを加えた時価総額を見ると、20年４月現在ですでに東証一部企業の時価総額を超えています。日本企業から見れば彼らはもはや視界にも入らない遠くに走って行ってしまっているのです。日本は平成時代にどうやら相当惰眠を貪ってしまったようです。世界の急速な進歩から周回遅れになっているのは厳然たる事実と言わなければならないでしょう。

ではどうしてこの30年の間に、日本企業は世界から置いていかれたのでしょうか。

それは、どうしてもこの日本の大企業に蔓延る村社会意識であるような気がしてなりません。良い学校を出た学生の多くが、今そこにある良い会社、安定した基盤がある大企業に就職するからです。同じような人種が同じような境遇で育ってきた学生を同じような価値観、つまり村の論理にそぐう人物と評価して採用する。

太平の世の中が続く限り、この方法にそれほど間違いはありません。しかし、ビジネスの世界は時代の変化とともに急速に変わっていきます。とりわけこの30年間は製造業のようなハード産業が急速にＩＴを利用したサービス産業に取って代わられる30年でした。

そこに日本は何の手も打てなかった。起業をする若者は少なく、良い学校を出た学生はあたりまえのように大企業にしか顔を向けない。みんながひとところに集まって、寄り添い、もたれあって仕事をする。時代の変化には目をつぶり、小さくなっていく需要のパイを奪い合うような業種で生きていく。日本は今でも人口が1億人を超えるマーケットが存在するので、まだ大企業同士で萎(しぼ)む需要を分け合うことができていますが、今後の発展は期待できないばかりか大企業の中でもそろそろその寿命が尽きてしまうところが出てきても不思議ではありません。

いっぽうでこれからの時代、情報通信機器を駆使して、自らの能力、アビリティを武器に仕事をしていく人が増えていくと、必然企業組織も変わらざるをえなくなってきます。大企業の村の論理は崩(くず)れ、組織を構成する堅固な中間組織は不要のものとなる可能性があります。頑(かたく)なに村の論理を守ろうとする会社は、世界の競争からさらに引き離され、国内需要が萎み続ける中で完全に行き場を見失うところも出てくると思われます。

大企業という村に、いらぬ忠誠心でお仕えすることの馬鹿馬鹿しさを悟った優秀な社員が、村の外に出て活躍できるようになればやっと日本にも新しい産業、エクセレントな会社が誕生するのではと期待します。そしてそのきっかけを作ったのがコロナ禍であったのです。

サラリーマンが消える日

私自身20年ほど大企業サラリーマンをやってきた、と言いました。思い起こしてみれば、大企業でサラリーマンをやることほど「楽な職業」はありません。よく公務員が一番気楽、などと言われますが、公務員は税金をいただいて働いている身分であるだけに、公僕（こうぼく）としての使命感と市民から監視されているという緊張感から逃れられない職務です。ところが、大企業はあくまでも民間です。民間だから倒産するというリスクは常につきまといますが、これが大企業であればあるほどその可能性はそれほど高いものではありません。

米国企業に勤務したこともありましたが、米国の企業に就職すれば、入社したその日からレイオフされるリスクを常に背中に背負い続けて仕事をすることになります。もちろん、だから必死に働いて成果を上げようとする側面もあるのですが、精神的にはかなりのストレスです。

ところが、自身で会社を立ち上げて社員を雇う身となると痛感するのが、日本の労働法では社員はひじょうに守られているということです。大企業になればよほどの不祥事、法律に違反するような行為でもしでかさない限り馘（くび）になることは稀です。ましてや大企業の役員クラスになれば、会社内で相当よろしくない不祥事が発生しても、責任をとらされることはあまりなく、多額の退職金をもらって逃げることとさえ可能です。

だから、サラリーマンはお気楽なのです。では日本のサラリーマンの中でいったいどれだけの人が、自らの仕事に誇りを持ち、業務の専門知識を磨くために勉強しているでしょうか。会社が命じる資格試験や昇進試験のために勉強する人はいるでしょうが、自らが専門的な知見を深めるよう努力を続けている人は、私の周辺でもあまり見当たりません。どちらかといえば、これは特に大企業サラリーマンに多い傾向のような気もしますが、世の中や会社を斜（しゃ）に見て、評論ばかりしている人が多いように思われます。

終電間際の通勤電車に乗ると、一杯ひっかけたサラリーマン風のおやじたちが、会社や上司、同僚の悪口を言い合っている姿をよく目にしますが、その話のほとんどが批判や評論です。その姿は私には、会社という村の掟を基準にどうだこうだと文句を言い合っているだけにしか映りません。

ポスト・コロナ時代、私はこの、いい意味でも悪い意味でも気楽な商売だったサラリーマンという職業は、世の中からなくなっていくのではないかと見ています。なぜなら中間管理職のうちのほとんどが存在意義を失い、個人事業主化した個人と会社が業務委託契約のような契約関係でつながるようになってくれば、会社の中の上下関係や同じポジション同士の社員のつばぜり合いは、あまり意味のある話ではなくなるからです。

それぞれがプロ意識を持ち、自らのアビリティで仕事をするようになれば、もちろんそれを高く評価しない相手に対して愚痴を言うことがあっても、嫌なら契約を解除して別の取引先と契約し直すことができるようになります。

いっぽうで能力のないサラリーマンのままでは、やがて「262の法則」が崩れて、6の中で排除されていく運命にあります。村の掟しか知らずに時間を重ねてしまったサラリーマンに、生きる道はわずかなものとなってしまうはずです。もはやサラリーマンという身分は保証されなくなり、楽しかったはずの村にも通う術がなくなってしまうことでしょう。

需要がどんどん膨らみ経済成長を続ける時代は、誰でも幸せをつかむ道がありました。サラリーマンになって、大きな失敗もせずに真面目にコツコツ勤めていれば、年齢とともに給料も上がり、多少の違いがあったとしてもある程度の役職にも就くことができ、定年時にはまとまった退職金と大企業であれば潤沢な年金もいただけました。

しかし今、サラリーマンの最上位層に君臨する大企業サラリーマンの間でさえも、大きな変革が訪れています。このままでは身分の保証が得られない可能性が出てきたのです。仕事の仕方が変わる、組織が変わる、人の評価が変わる。ブランドで選んでいた就活にもやがて変化が訪れるでしょう。

ところで、この不要となった大量のサラリーマンはどこに行けばよいのでしょうか。日本の法律上では簡単に馘にはならないのですが、おそらく会社はこれまでのように彼らを手厚く遇してはくれなくなるでしょう。もはや村民として楽しい暮らしを保証してくれることはないからです。

大企業はまだしも中小企業では、リストラされたサラリーマンが今後街中に溢れるようになることでしょう。残念ながら彼らが今までできると思っていた仕事の多くは、ITに代替されてしまいます。いくら人手不足だといっても、事務系の仕事以外で、たとえば今さら肉体を駆使するような仕事に就けるとも思えません。

サラリーマン苦難の時代なのです。だからこそ今からでも遅くはありません。自分の職能、アビリティは何なのか。それが見つかれば徹底的に鍛え、磨き上げることをやっておかなければ手遅れになります。

おそらく現在から10年以内に、サラリーマンという単語は死語となっているでしょう。だいたいサラリーマンという職業定義はおかしなものです。何ができるのか何も語っていないからです。設計士だって鉄筋工だってコンピュータープログラマーだってユーチューバーだって、なんとなく何をやっているかわかります。サラリーマンって？　になるのです。

第3章

消えるビジネス、伸びるビジネス

大規模小売店舗のほとんどがECに替わる

コロナ禍は人々の行動をいろいろな形で制限しました。基本は一日中家にいろ、というものです。当初は人出を8割減らせということで、新宿、渋谷、銀座といった繁華街に出かけることを自粛するよう要請されました。

ところで「自粛を要請する」という国や自治体の発言は何度聞いても、あるいは文書で読んでも不可解な日本語です。本来、自粛とは自分から進んで考えて、行ないや態度を改めるものであって、他人から要請されるものではないからです。

それはともかく、繁華街に行ってはいけないと要請するのは、繁華街にある百貨店などの大規模小売店舗には「客が来ない」ようにされることと同義となりました。多くの百貨店ではこの要請を受けて、休業を余儀なくされました。これまで百貨店は人が集まる繁華街に出店することで商売を成り立たせてきたのですが、「人が集まってはいけない」という宣言は事実上、商売をやってはいけないと言われたのに等しい、死亡宣告のようなものでした。

百貨店と同様に家電量販店や大型家具店、衣料販売店なども、休業や営業時間短縮を余儀なくされました。

買い物の楽しさは煌びやかに飾られたお店に行き、店員の説明を受けながらじっくりと商品を手に取り、あれこれ比較しながら最後には納得して買うという一連の行動にある、と言われてきました。しかし、人気の店であるほど、その商品を買おうとする大勢のお客様が集まります。群集心理とは面白いもので、人が集まっているとその集まっていることに興味を抱いた人がさらに寄ってくるといった相乗効果が出てきます。

今回のコロナ禍はそうなってはいけないという要請です。それは人々の買い物をする、したいという欲望、あるいは「何やってるんだろ」と興味を持って集まる心理を真っ向から否定したとも言えるものでした。

しかしいっぽうで、百貨店はコロナ禍がなかったとしても、すでに多くの経営課題を背負っていました。百貨店が全盛だったのは１９９１年頃です。日本百貨店協会の調査によれば、この年の全国百貨店の売上高は９兆７０００億円に及んでいましたが、28年後である２０１９年にはその額は5兆７０００億円にまで、４兆円も落ち込んでいます。

落ち込んだ原因はバブル崩壊後の長く続く景気低迷もその一因ですが、百貨店の儲け頭だったアパレルや家具といった商品で、百貨店ブランドにはない、ユニクロやニトリに代表される品質の良い、低価格な商品が台頭したことなどがあります。

一部の宝飾品やブランドものがインバウンド客の急増で売上を下支えしたものの、百貨店売り場はたくさんの人を集めて大量に商品を売りさばくビジネスから、売り場をショールーム化して特定の顧客層に対して高品質な商品を提供するビジネスに変わる過渡期にあります。まさに今回のコロナ禍は下支えしていたインバウンド需要を剝がし、百貨店というビジネスの業態変革を加速させるものとなりそうです。

人が集まることなく買い物ができるのがＥＣ（Electronic Commerce：電子商取引）です。ＥＣは、商品やサービスをインターネット上で売買するビジネスモデルです。

ひとくちにＥＣと言っても参加者に応じて３つのタイプに分かれます。

一つが一般消費者向けに企業などが商品を販売する、いわゆるＢ to Ｃの取引形態によるものです。また企業同士が取引するＢ to Ｂ方式のもの、一般消費者同士が取引するCtoC方式のものがあります。一般消費者同士のものはフリマアプリやネットオークションなどの形態をとるもので、個人間での取引も活発に行なわれるようになってきました。

ECのサイトはモール型と自社サイト型に分かれます。モール型はネット上の仮想店舗のようなもので、決済をモールが代行するだけでなくSHOPとしてのひな型を提供、店舗管理システムなども供与しています。日本では1997年に楽天市場がオープン、2000年にはアマゾンが日本語サイトをオープンして本格的に日本市場に参戦しています。

現在ECの市場規模は急拡大しています。経済産業省の調べでは2018年でBtoCマーケットの物販系は9兆2992億円。すでに百貨店協会集計の最高売上を記録した91年の数字に迫る勢いです。これにサービス系やデジタル系を加えると、次ページのようにその規模は17兆9845億円になり、小売市場全体の6・2%を占めるに及んでいます【図表5】。またBtoBマーケットは344兆2300億円、CtoCマーケットで6392億円を記録するに至っています。

[図表5] BtoCのEC市場規模とEC化率の推移

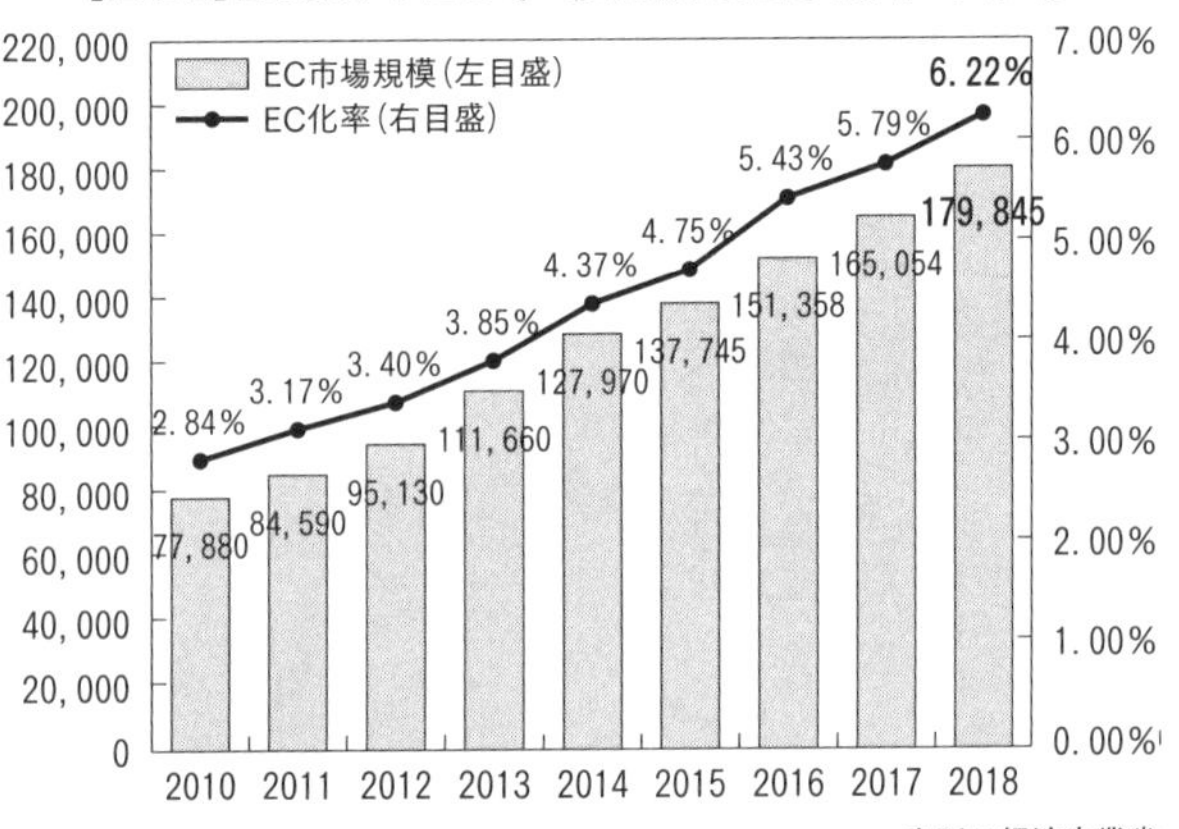

出所：経済産業省

BtoCマーケットにおける分野別取引ではどうでしょうか。事務用品や文房具などは市場の40%、家電、AV機器、PCや周辺機器などは32%、本、映像、音楽ソフトは31%など、EC取引は小売市場の中での存在感を高めています。

すでに大きな地位を占めつつあったECをさらに拡張させたのが、コロナ禍です。これまでEC取引の中で、食品や飲料、酒などについてはマーケット全体のシェアはわずか2・6%というのが実態でした。今回のコロナ禍でも、国や自治体は毎日の買い物については不要不急の行為ではないとして、食品スーパーなどは自粛要請の対象から外しましたが、外食が制限を受ける中、スーパーは普段よりも多い買い物客で溢れかえり、濃厚接触のリスクを感ずるまでになりました。そこで注目されたのがネットスーパーです。

ネットスーパーは楽天が西友と組んで食品を中心に約2万点もの品揃えを行なっているほか、イトーヨーカ堂、イオンなども参画しています。まだ配送エリアの制約や配送料負担などの課題はありますが、今後大きな成長が期待される分野になりそうです。

これまで毎日の買い物は生鮮食料品などについてはスーパーなどに行くのが常識でしたが、コロナ禍で家に閉じ籠もらざるをえず、スーパーの混雑を避けてネットスーパーについてもお試しをしてしまった多くの人々が、その便利さや品質の良さを認識し始めた現在、百貨店のみならずスーパーなどの大型小売店舗についてもEC比率が高まるものと思われます。

考えてもみれば、買い物という行為は大勢の人が集まってワイワイやりながら買う必要がありません。商品をじっくり吟味して納得して購入するという、お店と消費者との間の1対1の行為です。品質に対する解説や他の商品との比較などが必要な商品もありますが、こうした比較も店頭で聞くよりもネットであれば瞬時に複数の商品と合理的に比較ができます。

また、これを選ぶ他の顧客の口コミを読むこともできます。これまでは特に生鮮食品は配送の問題がありましたが、即日配達が可能となってきたので毎日の食事についてもネットスーパーが使える、という認識を持った人も多かったはずです。

すでに店舗型の商業モールも買い物が主体というよりも、アウトレットモールのように観光地などに立地して、観光客の「ついで買い」を誘うようなものも増えてきています。

ポスト・コロナの時代、特殊な高額品や専門家によるコンサルティングやアドバイスが必要なモノなどを除いて、多くの商品がネットで取引されるようになります。大規模小売店舗という店舗形態は今後次第になくなっていくことでしょう。

狭小店舗（居酒屋、バー、ナイトクラブ）の淘汰

今回のコロナ禍で大きな犠牲を強いられたのが、街中にある居酒屋やバー、ナイトクラブなどの狭小店舗です。これらの店舗はその多くが個人事業主や中小零細法人による経営なので、国や自治体からの休業要請に対しては理屈としては理解できても、多くの店舗が自らの存続問題に直面することになりました。

狭小店舗は、コロナ禍で問題となった３密（密閉・密集・密接）のすべてを備えています。

たとえば居酒屋。居酒屋の良さは、お客さんたちが肩を触れ合わんばかりにして座り、友人知人や職場の同僚と語り合う。昔話でも人生の悩みでも会社の愚痴でも週末の競馬や野球の話でも、テーマは自由です。馴染みのお店であれば店の大将や女将さんとの掛け合い、客同士が仲良くなって乾杯する、人と人との接点が生まれ盃を酌み交わすことで日頃のストレスを解消したり、新たな希望を抱いたりすることができます。

東京の新橋などの横丁では、店に入りきらなくなった客はビールケースを逆さまに

して路上に並べ、ケースの上にベニヤ板を敷いてテーブルや座席にして飲む。幸せな光景です。できればポスト・コロナの時代にも残り続けてほしいものです。

ところが今回のコロナ禍、多くの店舗が休業を余儀なくされました。当初の自粛要請はとりわけ厳しい内容で、開店しているところでも営業は夜の8時まで。しかもアルコール類の提供は午後7時まで。これでは落ち着いて飲むことはできません。さらに多くの会社がテレワークを実施したために街中に主力客であるはずのサラリーマンがいない、という事態に陥りました。

ある立ち食いそばチェーンも、繁華街にあって一番の売上を誇っていた店舗に、まったく客の姿がなくなり、チェーン店成績の最下位グループに落ち込むなど驚きの惨状となりました。

飲み屋街に繰り出すことができないサラリーマンの間で実験的に行なわれたのが、オンライン飲み会でした。「はじめに」でも触れましたが、オンライン上で飲み会をやるということに対しては、私のみならず多くの人々が違和感を覚えたはずです。そうした飲み会は若い人やＩＴ系の人がやるものだと思っていたからです。ところがこのコロナ禍では、飲みに行けないので致し方なくオンライン飲み会をやってみることになったというのが実態でしょう。

私もやってみましたが、当初思っていたほどの違和感はなかったというのが正直な感想です。お酒やつまみは自分で好きなものを用意すればよいし、家飲みなので終始リラックスできます。お勘定を心配する必要もありません。自宅にいるという寛(くつろ)ぎは居酒屋とはまた違った側面が出てしまうのでしょうか、真面目そうだった人が意外とお茶目だったり、急に背後を家族が通過する、ペットが闖入(ちんにゅう)するなどというハプニングも楽しいものです。

気になるのは、居酒屋での飲み会はメンバーととりとめのない話をどんどん話題を変えてできるのに対して、オンライン飲み会は一つの話題について全員で聞く。つまり会話が１対１、あるいは１対全員のデジタルで交わされることに疲れを覚えることです。メンバー全員が一つの話題で話すのは会議の場でのことであって、飲み会などでは、周囲２、３名で共通の話題で盛り上がる、ときおり隣りの話題に突っ込む、全員で盛り上がるなどの繰り返しなのですが、これがオンライン上では、会議をやっているようになってしまうのが難点でしょうか。

もちろん今後オンラインの技術がもっと進化して、相手との会話にもいろいろな工夫が施されてくると思われます。低コストで、自宅で気楽に飲める楽しさがさらに追求されていくものと思われます。

さてこの居酒屋文化、コロナは感染症なのでやがて時間がたてばワクチン開発などが行なわれて終息に向かい、3密であることを理由に敬遠されるようなことはなくなると思われます。

むしろ懸念されるのが、主要な顧客であるサラリーマンの働き方が変わってしまうことです。ポスト・コロナにおける働き方がテレワーク中心になって会社に毎朝毎夕通ってこなくなる、そしてそのことが会社組織を変えていくことで、会社に対しての帰属意識が薄れる、会社と社員が1対1で向かい合うようになると、会社に対する愚痴がなくなるのではないかという危惧(きぐ)です。会社組織への従属が薄まれば、同僚との飲み会も必要がなくなるし、みんな自宅やその周辺のコワーキング施設にいれば、そもそも都心部には出てこなくなってしまいます。

その点についてはバーやナイトクラブも同様です。都心部にサラリーマンがいなくなることは、こうした業態のお店にとっては顧客がいなくなってしまうことを意味します。居酒屋やレストランに行って一杯やってからの二次会需要の受け皿となってきたわけですから、一次会の需要がなくなれば二次会の需要も当然なくなるというものです。

また現代の若い世代は、こうした遊びには興味がなく、会社の飲み会も敬遠して家に帰りたがるという傾向は、コロナ前から指摘されていました。昭和から平成初期の頃に会社に入社した世代が退場する頃を境に、銀座や六本木のバーやクラブの灯(ひ)はなくなる運命にあるとも言われてきました。そういった意味では今回のコロナ禍はこの業態の余命をさらに短くした、とも言えそうです。

それではこうした狭小店舗のすべてが消滅し、人々は外で食事もせずに自宅でインターネットだけに依拠する生活になっていくのかと言えば、そうではありません。人は常に他人との交流、接触を通じて生きていくものだからです。

まず居酒屋やレストランは、都心部から、人々が生活する街に店舗を移していくでしょう。多くの人々が、自分たちが暮らす街の中で一日の多くの時間を費やすようになるわけですから、需要のあるところに店舗を構えるのは当然の行動です。もちろん感染症対策云々は、これからもいろいろな知見が出されることでしょうが、居酒屋という業態自体がなくなることはないと考えます。

バーやナイトクラブはどうでしょうか。おそらく業態を変えて生き残っていくと私は見ています。キャバクラのような大勢が集まってどんちゃん騒ぎをするような形態のものは廃(すた)れていくでしょうが、大人の社交場としてのバーやクラブは、その数こそ減るものの一定数が形を変えて生き残っていくと思われます。

居酒屋などと異なり、バーやクラブは静かに語らう場としては好都合な場所。取引先とのやや込み入った話、接待などを行なう場としての機能は今後も保ち続けるはずです。

経営者の多くは孤独です。従業員や取引先と離れて、静かに酒を飲む。仕事とはまったく関係のない話をすることが活力源ともなります。そうした意味でそれぞれの店がこれまでのマスを相手にしたようなものではなく、限られた顧客に対して独自のサービスを提供していくようになると思われます。それは芸術や文化を標榜するバーがあってもよいでしょうし、共通の趣味を持つ人たちのクラブがあってもよいと思われます。

以前は銀座には、シャンソンバーのようなものがたくさんありました。シャンソンは銀座の華でもありました。今でも銀座の街には多くの画廊があります。音楽や絵画をテーマにしてもよいでしょうし、文学や漫画を標榜する店があっても良いと思います。また経営者同士が秘密裏に集まる店はいつの時代でも必要でしょう。情報通信技術も活用した新しい業態のバーやクラブも出てくるものと思われます。

映画館、ライブ、テーマパーク……集客型ビジネスのリスク

コロナ禍は人が集まることのリスクを顕在化させた存在ですが、人が集まる最も危険なビジネスが、映画館やライブ、テーマパークといった集客型ビジネスです。ライブは2020年2月に大阪市内のライブハウスがクラスターとなって感染が続々発表され、人々を震撼させました。

同様に人が集まることによって事業として成立する映画館やテーマパークも休館、休園を余儀なくされました。私自身も年に数十回の講演をお引き受けしていますが、講演も大勢の方が集まることから延期やキャンセルが続出しました。

人を集めることの意味合いは何でしょうか。ビジネスとしての効率を高めるために、一度にたくさんの顧客を集めることは必要です。ただ集客型ビジネスの特徴はそれだけに留まりません。顧客が同じ場所に集まって同時に同じ経験をする、同じ感動を味わうことによって一体感を醸成することに意味があるビジネスだからです。

誰かが良いと思ったこと、感動した姿を見ると自分も同じような気分になる。自分の感動が他人にも伝わると自分の感動も増幅される、こうした感動の輪が広がることが、ライブ全体の価値を高めていく効果があるのです。

映画館や劇場などでは、演目が終わると感動に咽ぶ観客がパンフレットやCDを買っていきます。人々はその場での感動を家に戻っても反芻したい、あるいは見に来なかった人にも伝えるために記憶に留めておきたいと考えるからです。ここに集客型ビジネスの真髄があるのです。

ディズニーランドに行くと、老若男女がなんだか幸せな気分になります。そもそもミッキーマウスやドナルドダックなんて、ただの着ぐるみにすぎません。ところがディズニーランドという現場に足を運び、シンデレラ城の前に佇(たたず)み、その傍(かたわ)らにミッキーとミニーが寄り添えば、人々は幸せな気分に浸(ひた)ることができます。

これがもし、誰もいない場所、たとえば暗がりの路上なんかで彼らに会ったら、おそらく嬉しいどころか恐怖さえ覚えるかもしれません。

たくさんの人々が集まって「やあ、ミッキー。おはようグーフィー！」なんてやって感動するのはディズニーランドというハレの場にいるからであって、おそらく現代という時間軸から見れば、古めかしい着ぐるみに身を包んだネズミの出来損ないに、普通は感動することは少ないのではないでしょうか。

ディズニーランドでは、帰るまでに観客の両手はディズニーキャラクターの商品が一杯に詰まった手提げ袋でふさがっているはずです。ディズニーランドを出て自宅へ戻る電車の中、いい歳をしたおっさんがディズニーキャップを被ったまま眠りこけていると、子供はかわいらしくともおっさんは何だか妙に滑稽(こっけい)に見えるのは、ディズニーの魔法が解けて現実世界に戻されているからです。

国内にはいくつものディズニーストアがあります。そこでもミッキーのぬいぐるみが多数売られています。でも不思議なものです。そこにあるミッキーはおそらく誰の目にもぬいぐるみにしか見えないはずです。ストアでの売上も一定の成果は出ているでしょうが、やはりディズニーランドは人を集めてなんぼのビジネス。そして多くのファンはディズニーランドという夢の世界を楽しむためにわざわざ集まってくるのです。

さてこうした集客型ビジネスは、今回のコロナ禍で岐路に立たされています。とりわけみんなが集まって一緒に歌う、踊るといったライブは存続さえ危ぶまれることになりそうです。ライブで歌うな、踊るな、騒ぐな、ではそもそもライブをやる意味がありません。観客が感動を伝える手段にも大きな変化が求められるかもしれません。

拍手は昔からの意思表示手段ですが、声を張り上げる代わりの手段として光や画面を利用する、あるいは感動ボタンをクリックすると、その押した回数に応じてライブ会場を興奮の渦(うず)に巻き込むような音響や画像が流れるなどの新しい装置が開発されるかもしれません。

以前、六本木の繁華街でホテル事業の企画提案をしたことがあります。敷地は150坪程度。普通のビジネスホテルならば120室程度の規模のホテルになります。依頼主である土地のオーナーもビジネスホテルにするか、賃貸住宅にするか程度の考えしかありませんでした。でも土地は六本木の中でも多くの店舗が集積する一等地。視認性もよく、人の集まりやすい場所です。ただのビジネスホテルではもったいない。

私たちが提案したのがライブホテルでした。六本木にはライブハウスが多数ありますが、いずれも地下などの狭い空間にあるものが多く、収容人数にも限界がありました。そこでホテルの地下部分にライブホールを作り、大きな吹き抜けにして上層階とつなげ、1、2階にはレストランを設け、食事をとりながら演奏を楽しめるようにしました。それでも地下の床はライブでたくさんのお客さんを集めるには中途半端な広さ。レストラン客までカウントしてもたいした数にはなりません。これではあまり採算がとれない。

そこで一計をめぐらしました。ホテルの客室まで全部ライブ会場にしてしまおうと考えたのです。つまり地下で行なわれているライブをそのまま客室すべてに配信することで、お客さんの数を飛躍的に増加させようと目論(もくろ)んだのです。

客室内には巨大なスクリーンと高音質のスピーカーを設け、お客さんは客室内であたかもライブ会場にいるかのような雰囲気を楽しめる。他のお客さんとは接しないのでカップルだけで楽しんだり、友達とだけ特別な時間を過ごしたりすることができます。部屋は防音効果の高い造りとしますが、基本的にライブ中はホテル全室で楽しむものなので、ライブ目的の客だけを対象にしました。もちろんレストランからはデリバリーで、ビールやピザなどをルームサービスする。ライブが終われば帰る客もいるのでホテルの部屋としての稼働率は大幅に上がるだろう、というものでした。

この素敵な提案は、事業主がその後この土地を手放すことになってしまったために実現できませんでしたが、こうした形態であれば、客同士のソーシャルディスタンスは守られ、しかも一体感も醸成できたのにと思われます。

映画館や劇場などは基本的に観客が大騒ぎをするような場所ではないので、今回のコロナのような感染症ではそれほど神経質になる施設ではないような気がします。おそらく席の間を広げる程度の対策をとりながら存続をしていくものと思われますが、世の中の流れとしては映像や音楽は限りなく配信の方向に動いていくことになりそうです。

音楽、映像のフィジカル（CDやディスク）の消滅と、配信ビジネス拡大

ディズニーランドは現地に行かなければ感動できない魔法の世界だと言いました。しかし大勢の人が集まることのリスクに対する関心が高まる中、このモデルにも改革が必要になりそうです。

ＶＲ（Virtual Reality）という技術があります。仮想現実などと訳されますが、実物ではないものを、機能などは本物とまったく同じように感じさせる技術のことで、ポスト・コロナの時代にはＶＲの技術がかなり進化するのではないかと思われます。

たとえばディズニーランド。これまでは年末年始、春休み、ゴールデンウィーク、夏休みなど大勢の観客がディズニーランドに押し寄せ、アトラクション待ちの大行列ができました。夜にはへとへとに疲れた親たちとまだ帰りたくないと泣き叫ぶ子供た

ちの光景はお馴染みのものですが、どう考えてもこの時期にディズニーランドに行くという行為は時間の浪費と言ってよいものでしょう。なぜなら費やす時間とディズニーランドを楽しむ効用とがまったくバランスしていないからです。

たとえばこれをVRの技術を使ってディズニーランドに入場（という錯覚に陥ってみる）してみましょう。おそらくライブ以上に生き物に見えるミッキーマウスがあなたを歓迎してくれ、話しかけてくるでしょう。そして誰にも邪魔されることなくアトラクションを楽しむ。あなたの個別のリクエストにも応えてくれるかもしれません。これならば何も高い交通費をかけて、長い時間をディズニーランドとの往復に費やす必要はなくなりますし、園内を歩き回って疲れ果てることもなくなるでしょう。

音楽配信もさらに進化していくでしょう。ライブホテルのように家にいても会場と一体になって楽しめるような技術がどんどん開発されていくはずです。音楽はかなり早い段階から配信サービスへと舵(かじ)が切られました。次ページの表は日本レコード協会が毎年発表しているCDのミリオンセラーになった楽曲数の推移です【図表6】。

90年代の後半は毎年20枚前後のヒット曲が生まれていましたが、現在では10曲にも

［図表6］CDミリオンセラー数推移（シングル）

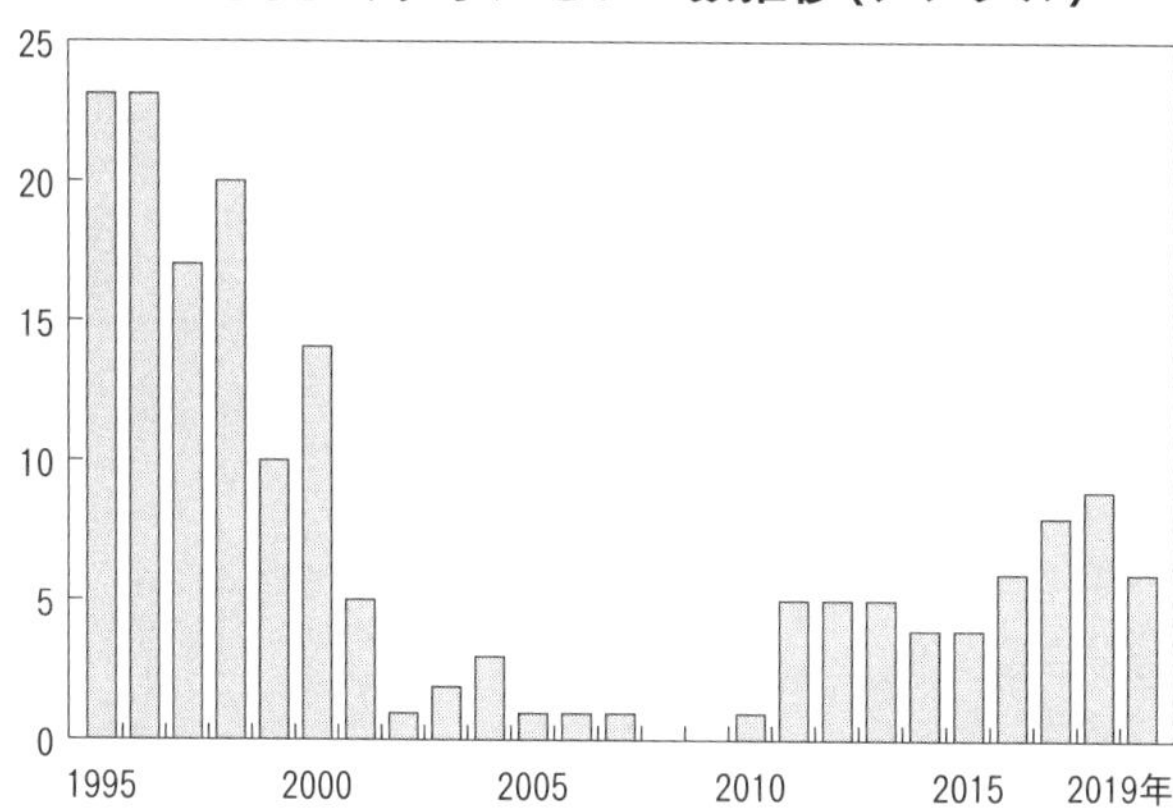

出所：日本レコード協会

満たない状況です。しかも最近のミリオンセラーはほとんどがＡＫＢ48、欅坂46、乃木坂46といった女性アイドルグループのもの。その商法は彼女らとの握手などのイベントへの参加と引き換えにＣＤを買うという抱き合わせ的なものです。

逆に音楽はiTunesなどの音楽配信を使って聞くものとなりつつあります。２０１８年のレコード・音楽配信の市場を見ると、音楽ソフトの売上はオーディオ・レコードが１５７６億円で対前年比９％の減少となっているのに対し、音楽配信サービスは６４５億円と対前年比で13％の増加となっています。音楽配信サービスは５年連続で売上を伸ばしています。

音楽配信はダウンロードと呼ばれるインターネットから楽曲を購入して自分の端末などに取り込んで楽しむものと、ストリーミングといってインターネットに接続しているときだけ楽しむものに分かれます。最近はダウンロードが減少し、月額などの定額制で自分の好きなジャンルの曲を楽しむストリーミングが成長しています。18年ではダウンロードによる配信は256億円で対前年比5％の減少になっているのに対し、ストリーミングは349億円で対前年比33％もの高い伸びになっています。

以前は音楽好きといえば、自宅などに大量のCDをコレクションすることを自慢したものですが、最近では、音楽はただ聞き流すものとなってきたようです。そしてみんなが同じ流行歌を口にすることは少なく、ネット上でなんとなく流れている歌を仕事しながら、あるいは家事をしながら聞くというBGM的な存在に変化しているのです。音楽も消費財の一種のように寿命は短く、使い捨てになってきているとも言えるでしょう。

映像の世界も同様です。これまでのように映画館にたくさんの人を集めて観（み）るものから、個人の家に配信するものになってきました。映像配信が行なわれる前でも、DVDレンタルで借りてきた映画を自宅で鑑賞することは可能でした。しかし、現在ではレンタルに替わって配信サービスを受けられるようになっています。

「STAY HOME　お家にいて」と、東京都の小池百合子知事はコロナ禍の不安におびえる都民に対して優しく語りかけましたが、さて緊急事態宣言がゴールデンウィークに跨ることとなると、お家で何をしようということになります。映像配信のアマゾンプライムやネットフリックスなどの配信元へは申し込みが殺到しました。

最近では8Kテレビが登場するなど、受信機器の技術も発達しました。自宅でも迫力の映像、音質を楽しむことができるようになっています。何もわざわざ都心に出かけて密な空間で映画を観なくとも、自宅で寝転がって好きな食べ物でもつまみながらのほうが、体も楽です。映画は配信の時代に急速に転換していくことでしょう。

このように音楽や映像がみんなで一堂に集まって楽しむものから、個々人の家に配信されて楽しむようになると、人々の鑑賞の仕方が変わります。大音量や迫力の映像も巨大な映画館のスクリーンや音響施設で成り立ったものが、いくら技術が良くなったとしても家庭のテレビでは限界がある。音楽も同じです。したがって高い評価を受ける作品の選定にも影響が出てくるかもしれません。

ハリウッド的な娯楽作品がこの世から消滅するとは思えませんので、テレビ画面でも伝わるような双方向の技術などが今後開発されてくるでしょう。映画、音楽の世界でもポスト・コロナ時代は新しいステージが開かれることになりそうです。

スポーツビジネスの未来

スポーツは観る人に感動を与え、生きる喜びを増幅させるものです。とりわけプロスポーツは興行としての色彩を帯び、人々は超人的な技を見せる選手たちの動きに心を動かされます。また野球やサッカー、ラグビーなどの集団競技は個々の選手の技術を超えて、さらにチームとしての戦略や戦術までが勝負の行方を左右し、人々は夢中になるのです。人によっては、自分の目の前で繰り広げられる勝負の数々を自身の人生になぞらえて、歓喜したり、悲嘆にくれたりもします。

スタジアムに行って、実際のプレーを観るのは純粋にスポーツを楽しむだけでなく、一緒に観戦する人たちとの一体感を求めに行く、という要素もあります。たとえば、プロ野球の同じチームのファンは、ホームグラウンドで行なわれる試合では、一塁側やライトスタンド側に陣取ります。基本的には、自分たちの席の周辺には相手チームのファンがやってきて相手を応援するのは、ご法度です。

自分だけが試合を楽しめるのであれば別にどの席でも応援はできますし、実際にラグビーのように、観客はスタジアムのどの席にいても自分が好きなチームを応援するようなシステムになっている競技もあります。しかし、応援も一緒になって行なうことで、ファンは選手とともに相手チームと戦っているのだという一体感を求めているとも言えます。

ところがポスト・コロナの新生活様式では3密となることを避けるように要請されています。みんなが肩を抱き合って声の限りに声援する。得点が入るとみんなでハイタッチする、抱き合って喜びを分かち合う、そんな行為ができなくなるのです。

プロ野球は2020年、コロナ禍により開幕が延期され、通常開催予定から3カ月遅い6月19日、Jリーグに至っては一旦中止していたリーグ戦再開を7月4日に変更しましたが、感染状況を鑑みて観客数を調整せざるをえない事態に陥っています。

そもそもプロスポーツはスタジアムにやってくる観客の入場料、飲食料とテレビ、ラジオなどの放送権料および選手などの関連グッズの売上が収入源とされてきました。観客が少数でも採算が合うチームはほとんどなく、選手の年俸にも影響を与えてしまいます。

多くのスポーツビジネスがコロナ禍で苦悶を続ける中、健闘している団体がありま す。日本中央競馬会です。競馬も競馬場があり、大勢の観客が集まりレースを楽しむスポーツです。G1などのビッグレースになれば、場外馬券売り場に馬券を買い求める客でごったがえす姿は一つの風物詩でもありました。コロナ禍ではさぞや影響が大きかったかと思いきや、どうも様子が異なるようです。

日本中央競馬会では全国41カ所にある場外馬券発売所を閉じ、無観客試合としましたが、4月25日から12日間にわたって開催された第2回東京競馬の売上は1969億円とほぼ前年と同じ水準を確保、日本ダービーも233億円で前年比7・7%の減少に留めています。

競馬では、比較的早期から馬券購入についてインターネットによる取り扱いを行なってきました。馬券を求めたい客は場外発売所に赴かなくとも電話やインターネットで購入できるため、3密というリスクを賭けずとも購入できる仕組みが出来上がっています。また自分が買い求めた馬の結果による配当が目的のほとんどなので、レースは必ずしも競馬場に足を運ばずとも楽しめるという要素も持っていたとも言えるでしょう。

では野球やサッカーなどではどうでしょうか。サッカーでは競馬と同様に賭けることができるサッカーくじがありますが、大きな広がりを見せていません。プロ野球などでも導入を検討すべきとの意見もありますが、ギャンブル性の助長に対してはさまざまな意見があります。

むしろ、私は今回のコロナ禍を機に今までとは違った応援スタイルというものが出来上がるのではないかと期待しています。たとえばこれまでプロ野球の応援は選手ごとに応援歌を作り、トランペットを吹き鳴らして観客は歌い、手拍子をする。ウェーブのように立ったり座ったりを繰り返す。観客全員がジャンプする、足を踏み鳴らすなどしながら大声で声援を送る、といったものでした。

　これからは双方向の情報通信設備を使って、スタジアムでは家やお店にいる観客が通信という手段を使って応援するようになるでしょう。スタジアム全体にそれぞれのファンから届く声援が音声で流され、大型化されたスコアボードにはファンからのメッセージや写真、動画などが流されるようになるでしょう。さらには応援する観客のボルテージは音だけでなく、光や映像などにも変換されて届けられるようになるでしょう。そして、こうした参加に対して料金を取るようにすれば、スタジアムの観客定員などというものもなくなりますし、全国どんな地域の人でもネットを通じて試合に参加している臨場感が生まれるかもしれません。実は収益源は無限大にあるはずです。このようにスポーツは限りなくオンラインゲームやeSportsの世界に近づくのではないかと、私は考えています。

　逆にスタジアムを訪れるのは少数でも高額の料金を取れるものとなるでしょう。スタンドはすべて個室化され、レストランのように食事も提供される。一定範囲で選手たちとの交流ができたり、イベントに参加できたりするなどの特典がつくものとなるでしょう。一部のVIPがスタジアムにその他の観客はネット上のスタジアムで応援、これがポスト・コロナのスポーツビジネスになっていきそうです。

デリバリービジネスの拡大

デリバリーとは英語で「宅配」を意味する言葉です。家などの注文先に食事や商品を届けるのをデリバリーサービスといいます。デリバリーサービスと言えば、古くから日本人にとって馴染み深いのが、蕎麦(そば)屋の出前でしょう。蕎麦屋は蕎麦のほか、天丼や親子丼などを自転車やバイクなどで注文先まで送ります。街中の中華料理屋もラーメンやチャーハンなどを運びます。しかしこの形態の多くが、すでに自前の店舗があり、店内客のみならず、店周辺数百メートル程度の事務所や家に、自前の自転車やバイクで運ぶといった「おまけ」のサービスでした。

しかし「おまけ」と言っても出前はけっこうな収益源にもなるようです。私の知人の料理人は、初めて自分のお店を持とうと思ったとき、目星をつけたのが大きな病院そばの空き店舗だったと言います。彼はもともと和食の調理人でしたが、選んだメニユーはラーメンとチャーハン。中華料理屋です。彼曰く「出前が多いと思ったから」というものです。

まず大きな病院であれば、見舞客が多いだろうというのが最初の視点。見舞いを終えた客が小腹をすかせて立ち寄るのを狙いました。次に医師や看護師といった病院関係者は忙しい人たちだから、すぐに食べられるラーメンやチャーハンが喜ばれるだろうと思ったのです。そして彼が目論んだのは、夜勤など不規則な勤務形態の人たちが多い職場では必ず出前の注文が多いだろう、ということでした。ランチタイムや夕方だけの営業よりも売上が上がるのではないかと期待したのです。

結果は大成功。ランチは近隣の職場に加え、病院関係者や患者の家族、見舞客で大繁盛。不定期に出前の注文も入る。店はてんてこ舞いの忙しさになったと言います。夕方のみならず夜中の出前まで対応したため、一緒に働く本人の奥様が忙しさのあまり倒れ、お店を閉じることになったのは残念でしたが、出前ビジネス、馬鹿にしたものではなかったのです。

しかし、昔からあった出前サービスはあくまでも自分で作った料理を、外部の客からの電話による注文でさばくというスタイル。配達も店の店主や雇われ人が自転車やバイクで運ぶといった程度でした。

これをシステム化したのが、ピザや弁当などのチェーンです。彼らは自身で配達網を築き、電話などで注文を受け、バイクなどで配達するというものでしたが、すべてが自前であったため効率が悪く、また単品でのデリバリーなので客に飽きられるという欠点がありました。

そこで考えられたのが、あらかじめ複数のチェーンやレストラン店舗と契約して、ピザだろうが寿司だろうがいろいろな食事を引き受けて注文先に届けるという新たなデリバリーサービスです。「出前館」という会社では飲食店約2万店と契約。インターネットで予約を取り、客が指定した場所に届けるというサービスを展開して成長しています。このサービスには出前館のほか楽天デリバリーやUber Eats、maishokuなどが参戦しています。

コロナ禍では、テレワークと同様にデリバリーサービスの社会実験を行なったようなものとなりました。なぜなら多くの飲食店が3密を伴うということで、お店に定員に達するような顧客を受け入れることができなかったこと、また営業時間を制約されたために売上機会を失ったこと、顧客自体がSTAY HOMEで食べに来ないことなどから、経営危機に瀕しました。多くの店ではテイクアウトなどで当面を凌ごうとしました。さりとてデリバリーをする機材も人材もいません。そこでデリバリーサービスを展開する会社と契約し、その会社に注文先まで届けてもらおうということになったのです。

デリバリーサービスの利点はネットで予約を取り、お店の近隣などにいる運び人に自転車やバイクで届けてもらうため、お店の従業員を使わなくてすむというものです。コロナ前からこうしたサービスは存在したのですが、コロナ禍で自宅に籠もる人が激増し、混み合うスーパーなどに行きたくない人たちからの注文が殺到。これまではデリバリーを引き受けるアルバイトが少なく人手不足だったのが、コロナ禍で職を失った人がこのバイトに応募したために、サービスが急拡大するに至りました。

インターネットでの注文が主体のサービスであるため、配達先は家や事務所でなくてもどこでも自由。たとえば海岸でバーベキューを楽しんでいるグループがピザを食べたくなれば、位置情報システムで場所指定をすれば、届けることができます。こうした便利さもコロナ禍でやむを得ず注文した新しい顧客から評価され、ビジネスの拡大につながっています。

デリバリーサービスの拡大はポスト・コロナにおいて、一定のシェアを取っていくものと考えられます。今後は外食という概念が変わってくるかもしれません。つまりお店に行って店の雰囲気を楽しむのではなく、自分の好きな場所、都合の良い場所で、そのとき自分が一番食べたいものを気軽に注文する、いわば家の外全体が外食する場所になるのです。既存の飲食の概念が大きく変わる可能性を持っているのがデリバリーサービスだと言えるでしょう。

加速するシェアリングビジネス

シェアリングエコノミーとは、何でしょうか。シェアリングエコノミー協会の定義によると、シェアリングエコノミーとは「『場所』『乗り物』『ひと』『お金』などの遊休資産をインターネット上のプラットフォームを介(かい)して個人間で賃借や売買、交換していくことでシェアしていく新しい経済の動き」だと定義しています。

そしてシェアリングエコノミーの事業領域は『空間』『もの』『お金』『移動』『スキル』といった5つの領域にわたると言われています。

『空間』におけるものとしては、住宅を民泊などに提供するビジネスがあります。これはairbnb（エアービーアンドビー）などといったプラットフォームサービスを展開する会社が、一般住宅を民泊として外国人旅行者などに提供するサービスをいいます。他にも住宅の駐車場の空きスペースを貸し出す、会議室やパーティースペースなどの一時利用を行なうなどのサービスが展開されています。

また『もの』におけるものとしては、衣装を貸し借りするメルカリのようなサービス、プロがコーディネートした服を借りて着ることができるair Closetなどがあります。

『お金』はクラウドファンディングが活発に行なわれるようになっていますし、『移動』はタクシー配車サービスや自転車シェアサービスなどがあります。

『スキル』としては家の掃除や修繕、家具の組み立て、語学などちょっとしたスキル

[図表7]全世界でのシェアリングエコノミー市場規模予測

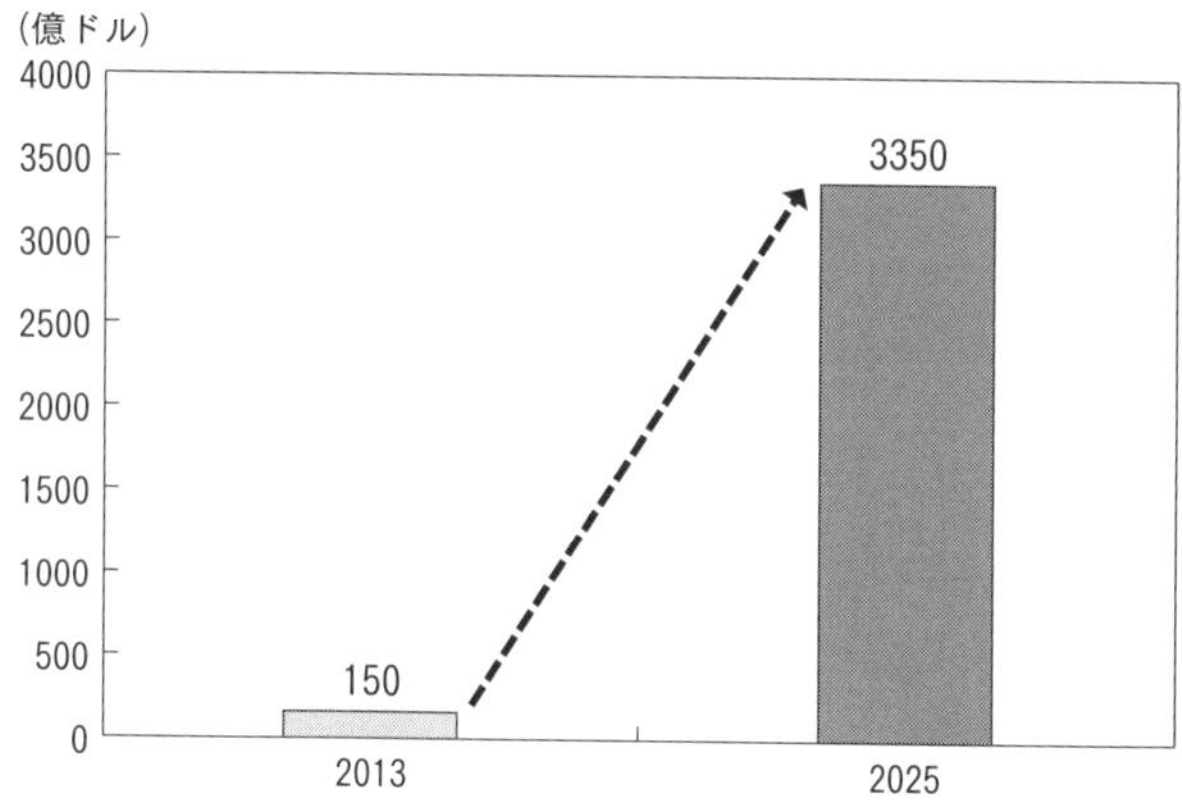

出所：経済産業省平成27年版情報通信白書

を近所で手軽に助け合うANYTIMESのようなサービス、特異な知識、経験、スキルなどを売買するcoconaraといったサービスが展開されています。

シェアリングエコノミー市場は今後急成長すると見られ、経済産業省平成27年版「情報通信白書」によれば、全世界でのシェアリングエコノミー市場は２０１３年の１５０億ドルからわずか12年後の２０２５年では３３５０億ドルになると予測されています【図表７】。

シェアリングエコノミーの中でも今後とりわけ大きな進展が起こりそうなのが、不動産の分野です。これまでの不動産でのシェアリングの考え方は、たとえばマンションにおける「土地は敷地権の共有、建物は区分所有」といった概念でした。あるいは投資用不動産としてオフィスビルなどの所有権の小口化商品、REITなどの不動産証券化商品といった投資用のものでした。

これらはいずれも不動産においては、「所有」を意味する中での区分所有や小口化でした。ところがこれからの不動産におけるシェアリングとは、不動産の「利用」に関するシェアリングの考え方が急速に高まってくるものと考えられます。これまで不動産は利用するという概念からの考察が比較的希薄でした。

デベロッパーやゼネコンは、良い土地の上に容積率いっぱいに優れた建物を建てればおのずと人が買ったり所有したりするだろうと、ある意味勝手に考えていたフシがあります。それはどんな顔をした顧客がどんな利用をする、それによって対価が変わってくるというものではなく、たとえば青山に建つマンションなら高級で高く売れるはず、だとか大手町のオフィスビルならば月坪あたり5万円の賃料は堅い、などといった地域の相場観に立脚したもので考えてきました。

ところがシェアリングエコノミーの世界では、同じ家でも複数の人で使えばよい、オフィスも1社で借りるのではなく、そのスペースが必要な会社や人が必要な時間帯だけ利用すればよい、オフィススペースでもあまり使っていないスペースがあれば、空いている時間だけ別の用途で利用する、個人住宅の駐車場スペースも車を止めていない時間帯はよその車に貸すなどといった、時間や空間を利用する概念になってくるのです。

こうした考えはすでに民泊やWeWorkに代表されるコワーキング施設などが世の中で市民権を得つつありますが、今後はさらに新しいサービスが続々生まれてくるものと考えられます。

そのいっぽうで既存の施設との対立も出てきそうです。民泊は既存のホテル、旅館との線引きを巡って大きな争いとなり、住宅宿泊事業法（民泊新法）を制定して、どちらかと言えば民泊を規制する方向となりました。またコワーキング施設はいずれオフィスビルオーナーとの間でテナントの奪い合いといった対立軸が顕在化するのも明らかです。多くのテナントがオフィスビルの床を縮小し、社員の多くは自宅近くのコワーキング施設で働けば事足りる、といった世の中が来ることが予想されるからです。

シェアリングエコノミーの考え方の進展はやがて街づくりにおいても大きなテーマになってくるものと思われます。つまり、多くのモノやサービスをたとえば街の住民でシェアしていくという考えです。それは車や自転車といった乗り物に限らず、電化製品もたとえば最新式のものをメーカーと契約してすべてリース方式とする。季節家電などはデリバリーサービスを通じて、必要なときに必要な家庭にデリバリーするなどといった考えです。

昔は近所同士でお裾分けや、足りなくなった調味料などを融通し合うことでコミュニティーが成り立ってきましたが、今後はそうした過不足をインターネット上で検知して譲り合うなどのサービスも展開されるようになるかもしれません。

第４章

ライフスタイルが変わる

「会社ファースト」から「生活ファースト」に

日本人の働き方はこの50年ほどの間で大きく変化しました。次ページの表は厚生労働省「労働力調査」による日本人の就業者に占める雇用者の割合を1969年以降10年刻みで追ったものです【図表8】。69年就業者は5040万人だったものが50年後の2019年には6724万人と約1700万人増加しています。いっぽう雇用者は3199万人だったのが6004万人、なんと2800万人も増えています。就業者に占める割合は63・4%から89・3%へ。今や就業者の約9割が雇用者なのです。

もう少し詳しく見てみましょう。19年においては自営業者や家族労働者数は675万人ですが、10年前には800万人もいました。また役員を除く雇用者のうち正規雇用者は3503万人、非正規雇用者は2165万人です。同じく10年前は正規雇用者3380万人、非正規雇用者1721万人です。この10年間の雇用者数の伸びは、そのほとんどが非正規雇用者の伸びで支えられていたことがわかります。

結論を言います。日本の就業者のほとんどがサラリーマンになったということです。長らく政権与党の座に留まっている自民党は、以前は農家の票田を大切にし、都

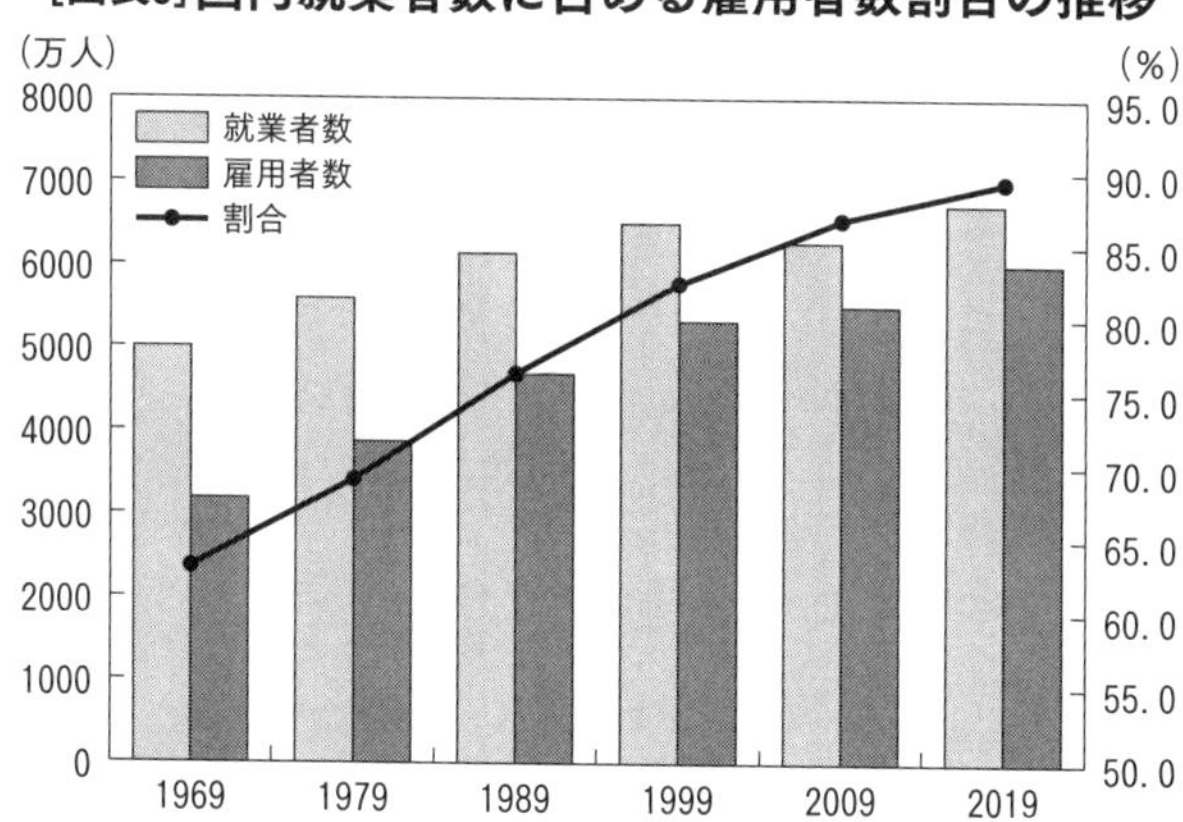

[図表8]国内就業者数に占める雇用者数割合の推移

出所：厚生労働省「労働力調査」

市よりも地方に政策の重きを置いてきました。ところが最近の政策を見ていると、地方よりも大企業を優遇するものが目につきます。そして大企業を頂点としてピラミッドをなす企業の雇用者たち、つまりサラリーマンを支持者にしています。明らかに票田を変えてきているのです。

　サラリーマンになる、というのが日本では最もポピュラーな生き方になりました。しかしこれまでのサラリーマンの生き方というのは、一意専心会社のために尽くすのがその働き方だとされてきました。そして会社から言われたことは絶対であり、会社の決めたルールに従って仕事を行なう、会社が多少ルール違反をやっていても見て見ぬふりをする、あるいは一緒になって隠蔽（いんぺい）してしまうといったことも、普通に行なわれてきました。

サラリーマンとして恙（つつが）なく生きるということは、生活の上ですべての場面で、会社を優先することだと、言われました。その典型が毎朝必ず定時までに出社することです。大雪が降って電車が止まっていても、日本のサラリーマンはとにかくどんな手段を使ってでも会社にたどり着こうとします。

東日本大震災の発生時、多くの会社は社員に家に戻るように命じました。しかしどの交通機関もストップし、家路は大混乱に陥りました。本来であれば、交通機関がまったく機能していない中で社員を放り出すのはリスクが大きいはずなのに、会社が命じれば、たとえ電車が動いていなくとも家路につくのがサラリーマンなのです。

そして今回のコロナ禍で会社から命じられたのは、「会社には来るな」という奇想天外な指示でした。当然、ほとんどの社員がこの命令に従いました。会社の命令は絶対であるからです。そのいっぽうでこの指示に大いに戸惑（とまど）いを感じた社員がいたはずです。なぜなら会社に行くことが「仕事」だと思っていた社員が大勢いたからです。

これまでは、会社に行くという行為そのものが仕事であり、生活だったのです。

会社に出かけないで仕事をするということは、言い換えるならば、まともに仕事と向き合うことを意味します。会社に行くとコーヒーを飲む、同僚ととりとめのない話をする、上司からぐちゃぐちゃ細かな指示を受ける、不意な電話や来客対応。自分が本当に集中して仕事をしている時間は意外と短いものです。

ところがそうしたムダが一切なく自分の目の前に鎮座するパソコンを前に、今日一日やるべきタスクだけが指示されます。そして一日みっちりと仕事をすると、人によっては妙な充実感を覚えたはずです。いっぽうでタスクと向かい合い、その分量の多さと期限の厳しさ、同僚や部下、会社の仲間とのコミュニケーションがうまく取れずに寂しい思いをした人もいたはずです。

実際に会社に行かないと、会社で費やしていた時間をすべて自分でコントロールしなければならなくなります。まず就業環境。会社にはデスクや椅子、会議室が整えられ、ビル内にはトイレや給湯室がある。自宅にもトイレや台所はあるので用は足せますが、自分が働くための机や椅子がない。仕方がないのでダイニングテーブルで仕事を始める。共働きの妻も同じテーブルでやるので、テーブルの上はお互いの仕事の資料が重なり合う。朝と晩にしかいないはずの飼い主が一日家にいるので、はしゃいでじゃれつく犬。実際、自宅で働いてみると意外なことに気づくものです。

やがて夫婦の間で話題となるのが、水道光熱費が跳ね上がっていることです。今まではすべてオフィスの中で仕事を行なう限り、自分が負担することもなかったのが、なんで自分が負担しなければならないのか。経理に明るい人であれば、持ち家である自宅をオフィスとして使っているのだから、自宅の構造躯体や設備の一部について減価償却を認めるべき、などと考え始めます。

会社といくら回線上でつながっているとはいえ、オフィスに居ずにやり取りをしているだけとなると、次第に会社の内側のことに気が回らなくなります。つまり部長と課長とが仲が悪いとか、同僚に嫌な奴がいて顔を合わせたくないなどといった、毎日社内で起こる些細なことがまったく気にならなくなります。会社に対するロイヤリティーが確実に下がるのです。

自分が住む街の風情にも関心が湧きます。今までは駅までの通勤路を行き来するだけの毎日。週末も車で遠出したり、近所のスーパーに買い物に出かけたりする程度にしか街を見ていなかったのが、気晴らしに散歩する。昼の間に商店街で買い物をする。自宅周辺に住む人たちとすれ違う。街がまったく異なる姿で見えてきます。

そうです。自分が住む街が、これまでの「寝る」ためだけの街から「働く」こともする街に変わったのです。自分が住む街で働けば、街にどんな人たちがいて、日中何をしているのか観察できます。日頃は朝晩と週末だけしか顔を合わせなかった、妻あるいは夫と過ごす時間が長くなります。そして一日の大半を街で過ごすことで、街の住み心地が実感としてわかってきます。

これまでの「会社ファースト」だったライフスタイルが、ポスト・コロナの時代には「生活ファースト」のライフスタイルに変わっていくのです。

「通勤」のなくなる社会

緊急事態宣言終了後もテレワークを継続する会社が後を絶ちません。

日立製作所は社員の7割に対して週2日から3日、在宅勤務にすることを発表しました。NTTでは社員の5割を在宅勤務に、日清食品では出勤する社員数は上限を25%とすることを決定しました。こうした措置はテレワークによる業務に支障がないことを認識し、テレワークによる働き方をむしろポジティブにとらえて、これを経営に取り入れていこう、という動きです。

こうした動きは、大企業を中心に広がりを見せています。多くのサラリーマンがあたりまえに思い、毎朝毎夕行なってきた「通勤」というライフスタイルが変わるのです。通勤のウエイトが下がれば、家の選び方が変わります。90年代半ば以降、夫婦共働きがあたりまえになり、子供を保育所に預けて夫婦で都心に通勤するというスタイルが家選びの基準を作ってきました。

会社がある大手町まで直通40分、最寄りの駅までは徒歩5分以内のマンションが家選びの基準と言われました。都心部のマンションは価格も高く、夫婦と子供が住むファミリータイプのものでは、新築で7000万円から1億円を超える水準になりました。以前と異なるのは夫婦共働きであるがゆえに、ローンの調達力が格段に向上したことです。おまけに低金利政策が長く続き、税制面でも満艦飾(まんかんしょく)の補助が加えられてきた結果、30年から35年もの長期ローンを夫婦揃って組んで都心部のマンションを買うというのが、あたりまえのライフスタイルになったのです。

ところが大手町の会社まで出かけるのは週1回、あるいは月に2、3回などということになると、これまでの家選びの基準は一変します。大手町に近くても、旧工場地帯にあって、周囲に利便施設が乏しい、環境がある程度整っているのはマンションの敷地内だけであって一歩外に出ると、倉庫やコンテナばかりというところもあります。こうした立地の物件を多額のローンを組んで買うという選択肢は、なくなってきます。一日を過ごすには生活環境として疑問符が付くからです。

駅まで5分以内という基準も、さして重要な選択基準とはならなくなります。駅はたまに行く場所ですから、ひじょうに遠いのは困りますが、徒歩で行ける範囲、あるいはバスや自家用車でのアクセスさえ確保できていれば、それで十分ということになります。

以前は、都心まで1時間から1時間半でも通勤圏と言われました。郊外になれば自然環境も良く、子育てにも好都合と言われました。そんな生活が成り立ったのは、旦那一人が働き、奥様は専業主婦であったからです。旦那が毎朝毎夕の通勤地獄に耐え、奥様は子供を塾に通わせ、送り迎えをするというライフスタイルでした。

現代では夫婦共働きが家族の基本形となりました。夫婦の通勤や子供の保育を前提として都心居住が進み、都市部の人口は急増しました。しかし通勤がなくなるポスト・コロナの社会では、家選びはどう変わるのでしょうか。

海が好きな夫婦は、今までは通勤するには対象となりにくかったエリアを積極的に選ぶようになるでしょう。首都圏で言えば、神奈川県の横須賀や三浦、千葉県の大網や茂原あるいは館山といったところにも足を延ばし始めるかもしれません。

山好きな夫婦は、埼玉県の所沢から先の飯能や秩父、山梨県の大月、神奈川県の相模湖方面を選ぶようになるかもしれません。千葉県にいすみ市という場所があります。この地はすでに都会を離れて移住してくる人が多いのですが、多くの人が都心でも仕事を持ちながら、家では畑を耕す生活を送っています。

会社ファーストの家選びから生活ファーストの家選びになれば、家選びの選択肢は多様になり、「住みたい」場所は、人々の生活への拘りを前面に押し出したものとなるでしょう。「みんなが買うから」といった一辺倒の購入スタイルは影を潜め、デベロッパーが繰り出すポエムに惑わされる人も少なくなるはずです。

週刊誌などでは、毎年「値上がりするマンション、値下がりするマンション」といった特集が組まれます。私もよくコメントを求められるのですが、コメントをしながらいつも疑問に思うのが、はたして人は自分が住む家を「値上がりするから」買っているのかという根源的な疑問です。私自身は不動産投資のアドバイザーもやっていますので、多くの取引先に「値上がりしそう」な不動産についてコメントをしています。

しかし、不動産投資は現代においては金融マーケットとも密接につながり、国内外の投資マネーがマーケットを席巻する時代になっています。昭和後半から平成初期は都市部で勝手に成長する住宅やオフィスに対する需要で不動産は値上がりしていきましたが、今の時代ではそう簡単に儲けられるものでもありません。

都心居住が急速に進んだことで一部のマンションではたしかに購入時よりも値上がりしたマンションが多く出現しましたが、さて、ポスト・コロナ時代は選択肢が多様化することで、値上がりするマンションといった価値観は薄れていくものと思われます。

郊外部がふたたび家選びの対象となってくる、また密を避ける生活を志向する人たちが増えてくると、マンションよりも戸建て住宅を選択する動きが出てきそうです。

戸建て住宅の良さはなんと言っても、家の外装、内装、設備、住み方のルールまですべて自分流にアレンジできる点です。また、自身の懐事情に応じて修繕や改装のやり方や予算を決められる自由度があることです。郊外であれば、都心では考えられないほど広い敷地を手に入れられます。家だけが建つのではなく、ガーデニングや家庭菜園なども楽しめるようになります。

中古マンションならば、戸建て住宅よりもさらに安く手に入ります。自身が住む専有部なら手を加えることができるので、少しお金をかけて自分流にデザイン、リフォームをする余裕が生まれます。

都心部の新築マンションをギリギリのローンを組んで購入し、会社の下僕として働きながらひたすらローン返済に励むようなライフスタイルは、これからの時代にはそぐわないものとなります。

住宅にかけるお金が少なくてすむのならば、生活のゆとりが得られます。

年収の10倍、11倍もの価格の都心マンションを買っても生活の潤(うるお)いは得られません。マンションというハコを手に入れたにすぎないからです。ところが都心マンションに費やすはずだった多額のお金が手元に残れば、もっと他の分野に使うことができます。

生活に彩(いろどり)を持たせるために趣味に使う、文化や芸術に触れる機会を増やす、学ぶ。自分に対する投資にお金を回すなど、豊かな日常を築くことができるようになるのです。

サラリーマンの方々と会っていて気になるのは、多くの方が会社のことや業界のことについては雄弁でも、日本の歴史や文化といった教養面になると驚くほど知見がない、趣味もせいぜいゴルフやランニング程度だという事実です。致し方がないのです。人生で得るお金の多くが住宅に注(つ)ぎ込まれていて、他の分野を勉強するお金も時間もないというのが、サラリーマンの典型的なライフスタイルであるからです。

住宅に多額のお金を投じなくてもよくなるポスト・コロナの時代は、ライフスタイルが大きく変わるチャンスです。ライフスタイルの変化は、着実に日本人のこれまでのステレオタイプな家選びにも大きな変化を与えていくことでしょう。

ネットでつながる人の「絆（きずな）」

コロナ禍は人と人との接触を禁じることになりました。大勢の人が集まって交（まじ）わる。声をかけあう。一緒に行動する。人と人との接触にはいろいろなスタイルがあります。そして人はそうした交わりを通じて互いが理解を深めあい、行動を共にしていきます。

人は一人では生きていけません。コロナ禍では人との接触の機会を8割減らすように要請されました。家に閉じ籠もって外出は極力控えよ、とも言われました。でも限界があります。

とりわけ現代は情報社会。すでに多くの人々はネットを使うことで多くの情報を仕入れることができるようになっています。テレビや新聞、雑誌といった専門機関からの一方向だけの「与えられた」情報だけに頼ることなく、YouTubeなどの、既存メディアとは異なる、個人発の情報ソースやTwitterやLINEなどのSNSを通じて、人々は双方向の情報取得や伝達手段を持つようになっています。

コロナ禍では情報通信端末が、人と人との絆をつなぎとめる重要な役割を果たしたといえます。

これまではネット上でのつながりは、リアルな関係、たとえば家族や恋人同士、職場、取引先との交渉などの世界からは一歩離れた存在だと言えました。リアルでの関係はネットの関係と比べて、より絆が深いと考えられてきました。ネット上では匿名性も強く、また相手の本心が伝わり切れないといった理由でリアルなつながりが重視されてきました。

ところがコロナ禍はリアルな関係をズタズタに切り裂き、「寄るな、触るな」を社会の規範としてしまいます。直接的なふれあいの手段を失った人間関係は、ネットを通じての絆の深化へと変質します。これまでは特殊な場合を除いては採用されてこなかったzoomやSkypeによる打ち合わせや相手先とのミーティングが日常化されるにつけ、人々はネットを利用してのコミュニケーションスキルを磨くことができました。

初めのうちはぎくしゃくした会話であったものが、数カ月もすると技術の進化もあいまってほぼ普通に会話することができるようになりました。文章はメールやLINE、会話はスマホで行なってきたコミュニケーションに、新たに画像と会話がセットとして加わってきました。さらにこの画像はただ単に話している人の画像を届けるだけでなく、関連する写真や資料までを自在に提示して討議できることから、ビジネス上で必要なコミュニケーションツールとして市民権を得ることになりました。

コロナ禍で家に留まらざるをえなかった人々にとって、実家の様子を画像と会話で行なう。外部からの訪問を一切受け付けなくなってしまった高齢者施設に入居する親と、情報端末を使って会話できることが次々と実証されました。

つまりコロナ禍は日常生活における、人と人とのコミュニケーションのほとんどの場面でネットが使えるようになったことを世に知らしめる機会になったと言えましょう。

ポスト・コロナ時代には、このネット上でのコミュニケーションはさらにあたりまえのものとなるでしょうし、次第にリアルとネット上でのバーチャルな空間との区別がつかなくなる時代になってくるのではないでしょうか。そうなると実際に人と人とがわざわざ会わなくても、ネット上でほとんどの用事がすむようになっていくものと思われます。

ネットの技術が向上して、人の心理や感情をネットでさりげなく伝えることができるようになる、たとえばフェイスブックやLINEなどで多用される絵文字やスタンプがもっと進化して細かな表現を相手に伝えることができるようになれば、日常生活はネットだけで過ごせるようになるかもしれません。

デートも、遊びも、打ち合わせも、ひょっとすると取っ組み合いの喧嘩だってネット上で決着をつけられるようになるかもしれないのです。

最近五輪種目に採用されるかで注目されているeSportsはパソコンや専用端末で行なう電子スポーツですが、別に人間が体を動かしてその能力を競うものではなく、瞬発力や判断力をバーチャルな空間で競い合うものです。これをスポーツと言うべきかは議論が分かれるところですが、ネットを駆使したバーチャル空間内で競うものとして今後定着していくことでしょう。

このように考えると、これからはスポーツの世界でもネット空間を利用した新しい競技が生まれる余地は広いはずです。そしてこうした競技にも人々は夢中になり、ゲームを通じての人と人との絆もまた深まっていくことになるでしょう。ポスト・コロナ時代の新しい人間関係の軸になるのがネットの世界なのです。

「住む」ところはどこでもよい、多拠点居住時代の幕開け

テレワークがあたりまえになり、毎日会社に行く必要がなくなれば、多くの人が都心を避けて郊外に住むようになるかと言えば、そうばかりとは言えないでしょう。職種にもよりますが、完全にテレワークだけで仕事が完結するとは限らないからです。

また、都心部の魅力は仕事における利便性だけで語られるべきものではありません。ネットによるバーチャル空間での演出がどんなに進んだとしても、都心には多くのエンターテインメント施設が残り、文化や芸術が楽しめる劇場や映画館、競技場が

その存在を主張することでしょう。郊外部では満足な施設がすべて足りることはなかなか叶わないことも、人々の都心への愛着が変わらない理由です。

いっぽうで、これまでのように都心に住むというだけの目的のために、人生で予定されたほとんどの収入を住宅ローンのために費やすようなライフスタイルは消滅していきます。都心に家を買い求めて住むのは、富裕層の一部のみとなります。

そこで生まれる新しいライフスタイルが、都心のマンションを賃借することです。都心ライフを楽しむための拠点としての賃貸マンション需要は、ポスト・コロナ時代には大いに盛り上がることが予想されます。

たとえば平日は都心部のマンションを賃借する。そして週末は郊外の自分が気に入って購入した戸建て住宅で過ごすといったライフスタイルが、けっして絵空事ではなくなります。郊外の住宅は中古住宅なら、場所や内容によりますが、首都圏であれば3000万円以内で手に入れることは難しくありません。デベロッパーやゼネコンによる押し付けのデザインではなく、自分で好きなようにリフォームすれば、まさに自分のお城です。リフォームは水回りを中心に手を加えれば、家は見違えるように住み心地が良くなるものです。

また都心部では、仕事で使う、また子供の通学などを考えて賃貸マンションを選べばよいでしょう。子供の通学があるから郊外には住めないという人がいますが、子供の学校のためだけに家を買う必要はありません。借りればよいのです。

ポスト・コロナ時代には、都心部の賃貸住宅は「よりどりみどり」になってきます。

理由は2つです。1つが今後大量に発生が予測される相続です。東京23区内には約202万人の高齢者がいます（2019年現在）。そのうち75歳以上の後期高齢者は106万人。なんと23区内では後期高齢者のほうが、74歳以下の高齢者よりも人口が多いのです。日本人の平均余命は男性81歳、女性87歳ですから、おおむね85歳くらいで多くの高齢者がお亡くなりになります。つまり今後は東京23区内では大量の相続が発生することは、生物学上も避けることができないのです。

相続が発生すれば、彼らの持つ家は相続人に引き継がれるわけですが、相続人のほとんどはすでに家を所有しているケースが多いものと想定されます。相続人が住むことがないとなれば、賃貸に拠出するか売却することになります。

いっぽうで東京都の予測によれば、２０２０年に９５９万人である23区の人口は、10年後の２０３０年で９７９万人と20万人、毎年平均で2万人しか増加しないとされています。つまり東京23区内の住宅においては今後、需給バランスが大きく崩れることは容易に予測ができるのです。

２つめが生産緑地問題です。92年に制定された生産緑地法で定められた営農30年を条件に農地として利用する宅地、いわゆる都市農地の固定資産税を農地並みに扱う規定が22年、多くの都市農地で満期を迎えます。

国は制度延長や農業生産法人による借上げでも同制度を適用するなどさまざまな激変緩和措置を施していますが、農家の多くが高齢化と後継者難にあえぐ中、かなりの都市農地が宅地化されるのではないかと懸念されています。この生産緑地、23区内だけでも４２５ヘクタールもあります。このうち練馬区が１８５ヘクタール、世田谷区91ヘクタール、杉並区でも34ヘクタールにも及びます。

大量相続と生産緑地からの離脱という2大要因から、東京23区内では今後多くの土地が住宅用として拠出されてきます。当然それらの土地は分譲マンションや戸建て住宅、賃貸マンションやアパートとして供給されてきます。このことは、買い手や借り手にとってはひじょうに有利な環境になるわけです。人口が伸びない中、たとえば賃貸マンションなどはエリアにもよるでしょうが、かなり「借りやすく」なることだけは間違いないでしょう。

また以前は高齢者に対して、大家は貸したがらないというのが定説でしたが、需給バランスが崩れてくれれば、家賃収入確保が大前提のアパート、賃貸マンションでは、逆に高齢者対応を充実させた物件も登場してくることでしょう。

こうした環境が実現するポスト・コロナ時代は、これまでの世代ではありえなかった、都心と郊外の2カ所に家を持つ、あるいは都心部では賃貸マンション、郊外には戸建て住宅を所有して2つの拠点を住みこなす、などといったライフスタイルが定着してくる可能性があります。

それどころか、仕事はテレワークが進化した完全なリモートワークが実践できるようになれば、全国の好きな場所を季節や自分の趣味趣向によって住み分けるようなライフスタイルを志向する人も出てきそうです。

ここまでくると、もはや「大手町まで40分、駅徒歩5分以内」などと呪文のように唱えていた家選びの定義はいったい何だったのだろう、と思える時代になっていることでしょう。

マンション共用部はリモート書斎に

ではポスト・コロナ時代の住み方はどのように変わっていくのでしょうか。テレワークが主体の働き方は、これまでの住宅の在(あ)り方にも大きな影響を及ぼしそうです。

コロナ禍において、テレワークを余儀なくされた多くの家庭で話題になったのが、仕事場所を家の中のどこに確保するのかという大命題でした。マンションなどの商品企画は、ファミリータイプではだいたい3ＬＤＫが主体です。3つの部屋は夫婦の寝室と2人の子供部屋で占拠され、4ＬＤＫでも1部屋は和室でリビングの続きのような扱いになっているものが多いようです。

そんな窮屈な間取(まど)りの中に「働く」ためのスペースを確保するのは、一苦労です。

大きなデスクや長時間座っていても疲れないチェアを置くスペースはほとんどないというのが実情です。また夫婦ともテレワークになり、オンライン上で会議を行なったり、電話でのやりとりが行なわれたりする場合には同じダイニングテーブルで、一緒に働くのにも支障が生じます。

部屋の一角に書斎コーナーを作る手もありますが、ただでさえ家具や物が散乱する中では限界がある、と言わざるをえないでしょう。

おそらく今後の新築マンションでは、各住戸に書斎スペースを設けるなどの新しい間取りが生まれるはずです。たとえば3LDKプラス書斎として夫婦2人用の個室仕様の部屋やスペースの確保などが考えられます。トイレや浴室のように個室にして防音環境などが整えられればベストですが、可動式の扉で覆うなど間取りにもいろいろな進化が生じるはずです。

またマンション内共用部にはテレワークスペースが確保されるようになるでしょう。各住戸内で書斎スペースを確保するのは専有面積の限界もあって難しいです。であるならばマンション共用部にあらかじめコワーキングスペースや個室を設けて、住民に貸し出すという企画が生まれてくるでしょう。

たとえば、タワーマンションなどの高層建築物になると、地下深くまで杭を打ち込みます。そのため建物の地下には広大なスペースが生まれますが、地下ということもあってあまり利用されていないのが実態です。

このスペースをテレワーク用のフロアとして住民に提供することが考えられます。地下は光が入らないという難点がありますが、逆に集中しやすい環境を作ることは可能です。最近では液晶画面であたかも外の風景が本物のように見えるパネルなども開発されています。私も実際に見学したことがありますが、窓から見えるのは快晴のアルプス。まるで窓の外には心地よい風が吹いているかのような錯覚まで起こさせるほどの優れものでした。取り入れてみてもよいかもしれません。

ポスト・コロナ時代では、マンション住民の多くが朝、三々五々エレベーターに乗ってマンション共用部にあるコワーキング施設に出勤。そこで決められた時間執務する姿が見られるようになるでしょう。

テレワークスペースの予約は管理組合にスマホで行ない、組合からは予約された個室の鍵の暗証番号が送られる。またはスマートロックにして、スマホをかざして扉を解錠して中に入る。

そんな風景がどのマンションでも共用部での日常となることでしょう。今多くのマンション管理組合では、ライフスタイルの変化の影響で、駐車場収入が減少しています。テレワークスペースの貸し出しは組合にとって新たな収益源になるはずです。

すでに分譲されているマンションでも共用部に陳列されて、これまでほとんど使われずに放置されていた、高級なソファや家具を取り除いて、コワーキングスペースに改装するマンションが出てきそうです。

この場合は、たとえばユニットバスのようにパネルを組み合わせて2畳から4畳程度の書斎部屋を設け、このユニットを共用部に並べてみてはどうでしょうか。各ユニットは防音のみならず、各種カメラを備え付けて、ネット上で会社と結ぶ、あるいは中で働く人の集中力を維持、向上させる空調システムや体調管理、健康管理のための器具などを備え付け、集中して仕事ができる環境を提供するなどの工夫もこらすことができるはずです。

戸建て住宅でも同様に、「働く」というコンセプトが取り入れられるようになります。住宅内に寝室とは別に、ワーキングスペースが整えられるようになるでしょう。戸建て住宅はマンションよりもスペースに余裕が持てるものも多いので、「働く」ための快適な装備はより充実したものにすることも可能です。

またこれまでの住空間は、平日は「寝る」ための空間でしかなく、その象徴が、夫婦が同じ部屋で寝るというコンセプトでした。ポスト・コロナ時代においては夫婦がそれぞれの部屋を持ち、個室で仕事をする。リビングやダイニングがオフィスで言うところの共用部になり、夫婦や子供たちが寛ぐ場になるという明確な区切りがなされるようになるでしょう。

このように住宅が「働く」空間としても意識されるようになれば、住宅の間取りや共用部の考え方にも大きな変革が起こります。一日の間の大半を過ごすことになると、従来の家の在り方は激変するのです。

「働く」だけではありません。家の中での過ごし方にも変化が出てくるかもしれません。つまり、自宅で寛ぐコンセプトとして自分の趣味のスペースを充実させたいというニーズも、顕在化するでしょう。一日の間で通勤という無駄な時間がなくなる分、この時間帯を趣味の時間や、寛ぐ時間に充当できるからです。

自宅で食事する機会が増えればキッチンの仕様を良くしたい、バーコーナーを作って好きなワインやウイスキーをストックしたい、といった要望も出てくるでしょう。住宅は、よりオーダーメード的なものに変わってくると思われます。これまでのような、供給者側の勝手に描くコンセプトの押し付けでは通用しない時代になりそうです。

文化、芸術に対する関心が高まる

日本のサラリーマンの多くは会社での仕事内容や会社が属する業界については熱弁を振るえるものの、文化や芸術などについて一定の知見や見識を持っている人は少ない、と言いました。

しかし、会社への通勤という無駄な時間から解放され、在宅や近隣のコワーキング施設で働くことで、会社だけを見て日々を過ごす人生から距離を置くことができるようになります。ましてや一つの会社にだけ身を置いて、会社の一挙手一投足に振り回されることなく、日々を過ごすことができるようになれば、生活の仕方にも大きな変化が表われてくると思われます。

空いた時間を使って地元の大学で社会人講座を受講してみるのも、お勧めです。不肖私も、以前ふと目にした「グレーター東大塾」という東京大学が開催する社会人塾に応募したことがあります。この塾は東京大学が年に2回程度、あらかじめテーマを決めて毎週1回、全10回にわたって講義を行なうもので、東京大学の先生のみならずそのテーマにかかわる専門家の先生が、毎回交代で受け持つユニークな形式のものでした。「持続可能な成長型超高齢化社会に向けて」というテーマは私の関心事でもあったので、スケジュールに追い回される日々の中、毎週この時間帯だけは死守して受講してみました。

結果は大変有意義なものでした。一つのテーマであってもこれを歴史学、地域社会、働き方、移民政策、労働、若者支援、社会保障、地方創生、医療など、ひじょうに多くの切り口で教えてくれる講義は毎回楽しみで仕方がありませんでした。私は東京大学卒業ではありますが、学生時代こんなに身を入れて勉強してこなかったことに今さらながら恥じ入ることとなりました。やはり人はいくつになっても学ばなければならない。また重ねる年輪によっても関心事は変化しますし、新たな興味が沸々（ふつふつ）と湧き出るものであることを実感できました。

一日のほとんどの時間を会社の中の一員としてしか過ごせないサラリーマンに、文化を語るのはしょせん無理な話でしたし、そうした話題は職場や接待の場でも敬遠されるか、変人扱いされるのがオチでした。ポスト・コロナにおいては、生活にゆとりが生まれ、自分が興味を持つ対象について時間をかけて学ぶことができるようになります。

ＮＨＫのＢＳ放送の番組に「駅ピアノ」「空港ピアノ」「街角ピアノ」という番組があります。この番組は世界各国の駅や空港、街角に置かれて、誰でもが自由に弾（ひ）くことができるピアノに焦点を当て、ピアノを弾く人の簡単なプロフィールと弾く曲名、そして彼や彼女に対する簡単なインタビューを通じて人々の心象に迫るというものです。

番組を見ていてとても驚かされるのが、音楽を専門にやっている人はむしろ少なく、エンジニア、大学の教授、清掃人、店員、学生、移民やコンサルタントなど幅広い職種の人たちが、思い思いに自らの境遇や夢を自らが奏でる曲に乗せて語る姿です。

また日本ではピアノが弾けるというと、たいていは幼少の頃にピアノ教室に通わされていたなど、どこかで先生に教わったという経歴を持つ人が大半ですが、この番組でピアノを弾く一般の市井人の中には、独学で覚えたという人がひじょうに多いことに気づかされます。そして弾く曲もショパンやバッハなどのクラシックからジャズ、フュージョン、ロック、ポップス、日本のアニメ映画の主題曲に至るまで、実に多彩なものです。

駅で出会った人とその場で仲良くなり、一緒に連弾する姿などを見ていると、人々の間に、いかに音楽が日常生活に溶け込んで存在しているかがわかります。そしてけっしてお金持ちでもない、中には先日失職しましたなどと明るく話をする中年親父なども登場しますが、普通の人々が音楽を愛していることには、文化の厚みを感じさせられます。

またこの番組でピアノを弾く人たちはごく素直に音楽を愛しているだけで、特に文化や芸術論を熱く語るような人たちではありません。それでも音楽がいかに自分を癒し、生活の一部になっているかを嬉しそうに語る人たちです。

そしてプロフィールについては、日本人のように「会社員」と名乗る人はほとんどなく、自らの職種で名乗る人ばかりです。彼らは会社のような組織に従属せずに、自分で名乗り、その内容を説明できる職業を持ち、その職に誇りを持って生活をしていることが画面を通じて伝わってきます。

日本では幼少期に無理やりピアノやバレエを習わされ、たいていが嫌になって投げ出しては親から叱られ、少し大きくなると今度は進学塾に連れていかれ、有名中学を受験するために毎日勉強ばかりさせられる、という「させられ」感満載の人生が普通です。

そして有名大企業に就職すると親は喜びますが、本人はすっかり「させられ」感に慣れてしまって、今度は自ら進んで仕事をしなければならないはずなのに、何をどうやるかの訓練を受けていないがために、少しの困難を前にすると、心が折れてしまうようになってしまいます。それもこれも、自分自身で自由に想像するゆとりある時間が、人生の最初から与えられていないことに原因があるような気がします。

ポスト・コロナ時代では、日本人のライフスタイルが大きく変わる中で、自分の職業を会社名ではなく職種で説明し、見よう見まねでできるようになったピアノを弾き、独学で始めた絵画を描く時代になっていくことでしょう。

第5章

「街」が変わる

所属するのは「会社」ではなく「街」

人はいつ頃から街で生活するようになったのでしょうか。縄文時代においては、人は主に狩猟をして生活をしていました。狩りに出て獲物を追いかけ、石や矢、剣で倒し、食しました。この時代の人は、獲物がいなければ生活はできませんので、獲物を追いかけて住処(すみか)をどんどん移動していきました。したがってみんなが寄り集まるような「街」は、概念としても存在しないものでした。この時代の働き手の主体は、大きな獲物を捕らえることができる屈強な男性でした。

やがて弥生時代になると、大陸から稲作が伝わり、人々は農耕をしながら生活するようになります。農耕は同じ地に留まって稲を育てなければなりません。人々は移動をやめ、農耕に適した地域に住みつき始めました。ただ、耕作地は広く、家と家との間には距離があり、街というものが形成されにくい環境にありました。この時代の有力な働き手はもちろん農民です。農民は屈強ではなくとも我慢強く、自然環境に順応しながら働くことが求められました。

奈良時代以降になると農耕から手工業生産が分離されるに従い、人々は農作物や手工業品を交換するために辻や津に集まって物品交換を行なうようになり、貨幣経済を基礎とした商業が発達するようになります。そして人が集まるところには徐々に市(いち)などが形成されていきます。商売は一カ所に集まったほうが効率が良いこともあり、街の形成を促(うなが)したと言えます。主要な働き手としては農民に加えて商人が台頭します。

戦国時代以降は城の周辺に家来衆のみならず、鉄砲、刀剣などを造る鍛冶(かじ)屋、桶屋、畳屋、呉服屋、家具屋などの職人や商人が集まって住むようになり、徐々に街としてのコミュニティーが形成されていきます。

街の発達に商業が果たした役割は大きなものがありましたが、明治時代以降、産業革命の影響が日本にも及ぶようになると、主要な働き手として登場するのが工場労働者です。工場労働者は工場という一つの職場が与えられ職場に毎日通うという、いわゆる「通勤」の形態を取るようになります。職場は近いほうが良いに決まっていますから、工場周辺に住みついて生活するようになります。国内には多くの企業城下町がありますが、これらの街にはたいてい大きな工場があり、工場を取り囲むように街が形成されています。

工場勤務を終えると工場労働者たちは街中の飲食店で飲み食いし、買い物をします。その需要を当て込んで街中に商店街が形成されました。商店街には買い物がしやすいようにアーケードが設けられ、雨風が強い日でも安心して買い物ができるようになりました。

街は、商業と工場で働く労働者によって形成されていくようになります。この街の住民にさらに加わったのが事務系のサラリーマンです。サラリーマンが戦後急速にその数を増やしていったのは、すでにお話しした通りです。

また、三大都市圏を中心に地方から大量の人の移動が生じたために、地方からやって来たサラリーマンの多くは会社の周辺に住むことは叶わず、大都市郊外に住んで会社まで通勤をするようになります。この通勤の足となったのが、三大都市圏などに張り巡らされた鉄道網でした。

会社に通うために家を選び、会社中心のライフスタイルを選択してきたサラリーマンの多くにとって、街は自分が寝て、休息するための街でしかありませんでした。サラリーマンが住むニュータウンの多くがベッドタウンと言われた所以(ゆえん)です。郊外や地方の農家などでは農作物を譲り合ったり、地域の行事を一緒に行なったりすることで深くて濃いコミュニティーが形成されてきました。ところがサラリーマンは会社とつながっているだけで、週のうちほとんど滞在していない街には、コミュニティーと呼ばれるようなものはなく、街に愛着が湧くはずがありません。

ニュータウンで生まれた子供たちも地元との関わりは、小学校や中学校に通うまで で、あとは塾やお稽古事に忙殺され、早い子は中学から、そうでない子も高校からは都心の学校に通う割合が増えます。その結果、多くの子供たちは自分が育った街に愛着を感じないと言います。就職後は自分たちの職場に近い地域のアパートやマンションを選び、親の家には戻ってきません。

こうした状況の背景は、街にコミュニティーが形成されていないことにあります。形成されるはずがないと言い換えてもよいかもしれません。ただ寝るための街、あるいは塾に通っただけの街に子供が愛着を感じることは稀(まれ)です。また、親自身がもともとこの街で育ったわけでもなく、会社に通勤するために買った家にすぎないので、いざ定年退職をして自由な身となっても、さてどこに行ったら何があるのかさえもよくわからないという、情けない状況になるのです。街の良さも悪さも実際には一年中どっぷりと生活してみないと、何もわからないものです。

ポスト・コロナでは、「会社ファースト」から「生活ファースト」の家選びが行なわれるようになります。また、能力の高い人ほど一つの会社だけで働くのではなく、個人事業主のような存在となって複数の会社と契約して働くようになります。今までは自分が寝る、休息するためだけの存在であった街で一日中過ごすようになることで、街の様子をよく観察するようになります。

こういった働き方をする人が増えてくれば、その人は他人に対して自分をどのように紹介するようになるでしょうか。一つには駅ピアノでも例に出したように、自分の職能で表現をするようになるでしょう。システムエンジニアです、人事コンサルタントです、事業アナリストです、といった具合です。

また一日の大半を過ごす街の名を挙げて自己紹介をする人も出てくるでしょう。立川在住の○○です。船橋の△△です、といった紹介の仕方です。米国人などは広い国であるせいか自分の出身の州を自己紹介ではよく使います。

井上章一（いのうえしょういち）さんの『京都ぎらい』（朝日新書）でも語られるように、京都生まれであることや京都在住者という表現には独特の誇りがあるようです。ところが「先の戦争が太平洋戦争ではなく、応仁の乱」と言われるように、京都には長い歴史に基づいた独特の感情が存在します。洛中（らくちゅう）に住んでいないとそもそも京都人とは認定されず、しかも室町時代くらいから住んでいなければ、本物の京都人とは呼ばれないそうです。このことは裏返せば、それだけ京都に対する人々の愛着が強い証拠とも言えるでしょう。

ポスト・コロナの時代では街に対する拘りが強まりそうです。埼玉県の浦和在住の人が大宮とは違うと胸を張る、鎌倉在住の人が鎌倉を湘南とは呼ばないで、と言うように、それぞれに拘りを持って街を語り始めることでしょう。今後は街の名が肩書になる世の中が出現してきそうです。

コワーキング施設の戦略転換

都心のオフィスで働くことが少なくなり、基本の働き方が在宅でのテレワーク、もしくはコワーキング施設ということになると、これまでのコワーキング施設の立地にも大きな変化が出てきます。

なぜなら、これまでWeWorkなどのコワーキング施設の多くが都心部に立地してきたからです。彼らが都心部に立地するには理由がありました。彼らの会員の多くは、イメージされるようなスタートアップ企業というよりも、大企業や地方企業だからです。大企業は営業職などの社員に対して、取引先からいちいち会社に戻ってレポートなどの作成をすることを求めず、最寄りのコワーキング施設に立ち寄って作成する、あるいは取引先との会議を行なうスペースとして利用してきました。また地方企業では、東京や大阪などに出張したときのアイドルタイムでの立ち寄りスペースとして利用してきました。

コワーキング施設の機能とは、いわゆるシェアオフィスです。通常のオフィスであれば、同じ会社の社員だけが一緒に働く形態になりますが、コワーキング施設では、施設内のデスクやチェアが自由に使え、フリードリンクなどのサービスも提供されます。会費は運営会社によって異なりますが、安いプランであれば、月額8万円程度のいわゆるサブスクリプション（定額制）で会員に登録されれば、全国の施設が利用可能です。

　個室スペースを使いたいときは、別料金になりますが、集中して仕事をしたいときに利用することができます。また会員間でのビジネスマッチングなども行なわれているのが特徴です。同じ会社の社員同士では、なかなか新しいアイデアが浮かびづらいものです。同じ就業スペースに異なる業種の社員たちが集えば、異業種交流にもなり、会員企業や社員にとっても利用価値は高いものとなります。

　コワーキング施設は現在、新規テナントとして、都心部のオフィスビルの床を大量に借り上げています。最近竣工するオフィスビルの数フロアを借り上げたなどの事例も相次いでいます。オフィスビル関係者の中には、オフィスビルの大量供給が予想される東京都心部でも、今後もコワーキング施設が新しいテナントとしてたくさんの床を借り上げるはずだからオフィスマーケットは当面堅調である、とのコメントすら出るほど、テナントとして期待されてもいます。

　ところがポスト・コロナの時代を見据えると、今後の変化にも目を向けなければなりません。つまり大企業の社員が都心に通勤してこない、地方企業も東京や大阪などへの出張が減少すると、コワーキング施設の在り方にも見直しが必要になってきます。もちろんこの機能自体が都心ですべて失われるわけではありませんので一定数は確保されるでしょうが、ポスト・コロナでは必然、施設の側から顧客に近づく立地戦略が求められることとなります。

サラリーマンの多くが、自分が住んでいる街から出てこなくなれば、彼らが住んでいる街中に、あるいは街から遠くないターミナル都市などに出店するようになるはずです。

サラリーマンの自宅の多くは、働くための基本的な仕様が整っていません。在宅勤務で中途半端な環境での仕事をするくらいなら、最寄りのコワーキング施設で勤務したほうが仕事の効率も上がるでしょうし、オン・オフの区別もできて精神的にも落ち着けそうです。もちろん感染症対策をきちんと施した上での話ですが。

すでに一部のコワーキング施設では、首都圏の衛星都市への出店を加速しているところも出始めていますが、ポスト・コロナにおいてはきわめて重要な戦略になると思われます。

また郊外部で用意されるコワーキング施設は、今ある都心部のコワーキング施設よりも、規模が小さなものになるでしょうし、提供するサービスにも違いが出てくるものと考えられます。

ポスト・コロナ時代に多くの人が、一日のほとんどの時間を自分が住む街で過ごすようになると、街にコワーキング施設だけがあっても、必要な機能としては不十分かもしれません。たとえば周辺の街からも集まりやすい駅前に立地するだけでなく、同じ建物内に保育所や飲食店などを集約することも必要になってくるでしょう。

またコワーキング施設が街の中心部に存在するようになれば、仕事という機能だけでなく、交流や情報発信の拠点として進化させていくこともできるでしょう。コワーキング施設に集まるのはサラリーマンだけではなく、地元の企業や自営業の方、専業主婦、リタイアメント層なども集まるようになれば、都心部のコワーキング施設とは異なったビジネスマッチングができるようになるかもしれません。公民館のような公共施設を併設することも考えられるでしょう。

今後、多拠点居住や地方移住が定着していくには実はコワーキング施設が持つ機能は重要です。テレワークからリモートワークに。人が好きな場所で好きな時間、好きな仕事をする時代になればなるほど、コワーキング施設は都心部から郊外、そして地方都市へと拡散していきます。

ポスト・コロナ時代の働き方に、コワーキング施設は見事にマッチした施設になるでしょう。他の用途との組み合わせも含めての今後の事業戦略の構築が楽しみです。

街コミュニティーの形成

私は仕事柄、国内のいろいろな地方にある街を訪れ、そこで仕事をする機会に恵まれてきました。そんな理由から、経済誌である「週刊東洋経済」に毎週「人が集まる街　逃げる街」という連載をかれこれ2年半も担当させていただいています。連載でもよく触れるのですが、人を集める元気な街には必ずと言ってよいほど、街にメッセージ性があるということです。

新潟県の燕(つばめ)市と三条(さんじょう)市では街の地場産品である、高性能のハサミや爪切りを外国などに紹介して、世界から称賛されるようになり、イベントでは町工場を開放して多くの観光客を集めています。

岐阜県の高山市では、11カ国に及ぶ言語に翻訳したホームページを作成しただけでなく、外国人観光客に電動自転車を使わせて、市内の至るところを訪ねてもらう手法を採用したところ、日本人ではあたりまえすぎて、さして感動もしなかった水田の美しさが注目を浴び、そのことが世界中に喧伝されることで、さらに多くの観光客を集めることに成功しました。

私の知人は、大学生のときに新潟から憧れの東京に出てきました。東京はあまりに魅力的であったので、当然そのまま東京に就職しようと考えたのですが、地元生活の居心地の良さが忘れられず、結局地元の新潟で就職をしたそうです。

彼女が考えたのは、たしかに東京はとても素敵な街であるけれども、自分ができることを考えると東京ではほんのちっぽけな存在にしかなれない。それならば自分は新潟在住で、東京とのコンタクトを絶やさずに、東京の良いところ、素敵なところを新潟に持ってきちゃえと、考えを変えたそうです。その結果、多くのコミュニケーションが発生し、地元にも大いに貢献ができていると言います。

地元の人たちはともすると、地元の心地良さだけに浸って、他所との交流を避けるようになり、なかなか自身の殻を破れなくなると言います。そこで自分が東京の良いところを勝手に持ち込んで地元に刺激を与え続けることで、また新たなコミュニティーが形成されることを狙ったのだそうです。

人が逃げる街の典型が、街のコミュニティーが硬直化することです。人の出入りが少なくなり、いつも同じメンバーだけが集まって生活する街は、みんなが同じように考え、同じように行動するようになるので、一見すると居心地の良さそうなコミュニティーに映ります。ところが同じメンバーが何度集まったところで、新しいアイデアはなかなか生まれません。年を経るごとに、メンバーも高齢化していきます。高齢になると多くの人は現状を維持するだけでよい、新しいことを考えるのは面倒くさいというパターンに陥ります。こうしたコミュニケーション能力の低下が街に停滞を招くのです。

よそから常に新しい人、もの、カネ、そして何よりも重要なのが、情報が入ってくることによって街の血液が常に入れ替わり、街の新陳代謝が進みます。

さて、ポスト・コロナの時代に、街はどのようにしてコミュニケーションを創っていけばよいのでしょうか。実はここにもコロナ禍で実験を繰り返した情報通信端末の威力が発揮される余地があります。

コロナ禍が日本社会にもたらしたのは、ともすると、人の移動を制限すること、家に居続けることと考えがちです。しかし人はそもそも家にだけ籠(こ)もって生活することは、世界が氷河期にでもならない限り、現実的な話ではありません。

今回のコロナ禍で人々が学んだのは、なんでも都市部に集中して、密になって生活することの危うさでした。これまでは都市部に集中して生活することで、効率的で建設的なコミュニケーションが形成できると信じられてきましたが、実際は仕事においてもあまり生産性が高いものとは限らないことに、多くの人たちが気づくことになりました。

密になるリスクを避けるために、人は「散って」生きなければならない。散って生きることを考えると、これまで都市部で謳歌(おうか)してきた便利さの多くを失うのではないかという不安が頭をもたげます。ところがコロナ禍では自宅にいても、情報通信端末を駆使することで仕事ばかりでなく、買い物や毎日の生活にあまり支障をきたすことなく過ごせることが確認できました。

では、今までのように都心近くに居(きょ)を構えなくとも、もっと散らばって生活するためにどんな街に住めばよいのかという話になってきます。それを考える際、街のコミュニケーションツールの充実度が一つの重要な尺度になります。

たとえば郊外都市や地方都市にいても東京都心と同じような情報通信インフラが構築されている、安心・安全は確保され、買い物もネットなどを通じて自由にできる。街には現代人の味覚や好みを十分に満足させるレストランがあり、オンラインも含めた充実した教育を受けられる学校がある、いざというときの医療体制も整っているなど、こうした基本情報を、簡単に入手できる情報インフラと、住民同士で有益な情報を交換できるコミュニケーションインフラが存在することが条件となるでしょう。

これまでの通勤のためのベッドタウンには、街としてのコミュニケーションはあまりありませんでした。町内会のような過去の遺物のような組織は存在しても、地元のおじいさんたちが牛耳（ぎゅうじ）っていて、街の情報伝達は今でも回覧板です。これでは街のコミュニケーションを保ち、発展させることは不可能です。

ポスト・コロナは、こうした過去から延々となんの疑問も持たずに繰り返されてきたコミュニケーション方法をも、ぶち壊す役割を担っているのです。

街間競争の時代へ

ポスト・コロナにおいては、これまでの都心一極集中から郊外、あるいは地方への人の分散が行なわれることが予想されます。しかし、郊外や地方の街であれば、どこでもよいのかと言えばそういうわけではありません。

昭和の後半から平成初期にかけては、大都市圏に集まる人々の受け皿として大都市圏郊外へと、住宅は一方的に膨張しました。

とりあえず住む家があればよい。住民のための最低限の商業施設があって毎日の買い物ができればよい。子供が通える学校があればよい。とりあえずは若いファミリーが多いので小学校が必要。そのうちみんな育ってくるのでその先には中学校を用意すればよい。

おおむねこんな感じで街づくりが行なわれてきました。家の主人の大半は都心に通勤するサラリーマンでしたので、平日の日中はほとんど街に滞在しない。週末は車に乗って近隣の商業地に出かける。そこにファミリーレストランがあって家族サービスができればよい。こうしたストーリーがすなわち、郊外生活と呼ばれるものでした。

ポスト・コロナでは、こうした平板な生活ストーリーはおそらく通用しません。なぜなら、住民の多くが、一日のほとんどを街で働き、買い物をし、寛ぎ、楽しむことになるからです。それぞれの街の魅力が今こそ問われる時代になったとも言えるでしょう。

ポスト・コロナの街づくりに欠かせないのが、街の中にさまざまなレイヤーを設けることです。レイヤーとは何でしょうか。ＩＴなどでよく使われる用語ですが、直訳すれば「層」とか「階層」といった意味になります。つまり、さまざまなソフトウェア、システム、ネットワークを構築し、これを街中に張り巡らすことです。

どんなに自然が豊かで食べ物がおいしい街であっても、Ｗｉ－Ｆｉがつながりにくいのではそもそも仕事ができません。街中の情報はネットを通じてなんでも手に入る。今日は街のどこで何が行なわれている、自分の情報を発信して街の人の関心を惹きつける、双方向の情報のやり取りが街中でごく普通の環境として享受できる、そんな街のインフラが必要になるのです。

これからの生活には、シェアリングの考え方がひじょうに大切になります。コロナ禍においては、他人が使った、触ったものは危険であるため消毒する、忌み嫌い、避けるものであるからシェアリングの考え方は後退するという説もありますが、本質的な議論ではありません。

感染症対策はなされるべきものですが、では必要なものはなんでもすべて所有しなければならないという理屈にはつながりません。要は安心・安全な処置を施したものをみんなでシェアすればよいというだけの話であるからです。

コロナ禍は時間がかかりますが、やがて人類はこれを克服していくでしょう。それは過去の事例がすべて物語っています。

ただ、人々が集中して働く、生活することの不合理性に気づいた先の社会をどう見るかという問題です。情報インフラとしてさまざまなレイヤーを街に構築していくことは、こうしたレイヤーを通じて、街にあるソフトウェアをみんなでシェアすることで、何でもかんでも所有をするという経済不合理性を追求せずに、生活を豊かなものにしていくことにつながるのです。

トヨタ自動車の豊田章男（とよだあきお）社長は２０２０年の年頭あいさつにおいて、驚くべき構想を披露しました。静岡県裾野（すその）市にあるトヨタ自動車東日本裾野工場を20年末に閉鎖。21年初頭からこの跡地で新しい街づくりをすると、公言したのです【写真1】。通常、主力工場の閉鎖は暗いニュースであり、工場で働く従業員の雇用や跡地の売却などが話題の中心となるはずですが、豊田社長の顔は明るく、社員全員に「未来」を語るものでした。

対象となる敷地面積は最終的には70・8万平方メートル、東京ドームの約15個分にも及ぶ広大なものになります。街の名称は「Woven City」、Wovenとは英語で「織（お）る」という意味です。この名前は、今回の街にどういう意味合いがこめられて命名されているのでしょうか。

［写真1］トヨタ自動車がつくる街「Woven City」　出所：トヨタ自動車

トヨタ自動車の発表によれば、それは街中にある道の構造にあると言います。この街では道を3つの属性によって分類しています。

①完全自動運転車や電気自動車のみの専用道

②歩行者とパーソナルモビリティが共存する道

③歩行者専用の遊歩道

つまり、生活に必要な道を3つの属性に応じて街中に「織り込んで」いるのです。

トヨタ自動車ではこの街において、さまざまな実証実験を行なうこともテーマに掲げています。その内容はCASE、AI、パーソナルモビリティ、ロボットなどといった分野です。CASEというのはまだ耳慣れない単語ですが、Connected, Autonomous, Shared & Services, Electricを表わします。Connectedとは自動車が外部のさまざまな情報と「つながる」ことを意味します。Autonomousとは自動運転、Shared & Servicesはライドシェアやタクシーの配車サービス、Electricは電気自動車です。

この街ではこうしたテーマをもとにここで暮らす人々に多くの技術を体感し、サービスを享受してもらおうというものです。

トヨタ自動車のWoven Cityは自動車や道をテーマにした新しい街ですが、豊田章男社長は会見で、街づくりについてトヨタ一社だけではできないとし、他の多くの異業種と連携して作り上げていく、と述べています。通常であれば、街づくりには国内のデベロッパーと手を組んでいくのが常道ですが、今回の計画ではデンマークのビャルケ・インゲルスという若手建築家を招き、開発を進めるとのことです。

ポスト・コロナの時代に選ばれる街になるには、それぞれの街がどのような特徴を打ち出していくかにかかっています。それはインバウンドを呼び込むような、ただの観光都市ではないはずです。

同じ外国人がテーマであっても、たとえば、外国人との交流ができるとか外国の仕事を受注できるとか、あるいはある国の歴史や文化を勉強できるなどの特徴ある生活の実現が可能になるような、そういったキャラクターを持った街になることです。

またその街に属し、街中で活動することによって地域通貨などによるいろいろなポイントが付与され、それを活用できるような街が出てくるでしょう。それは単なる商売だけでなく、地域でのボランティア活動やアイデア提供のレベルでもポイント付与がなされれば、地域内の活動はより活発なものとなるでしょう。

街の基本インフラとしてどんな種類のレイヤーを構築していくのか、提供するレイヤーの内容によって、その街を指名して住む人が現われる、そんな街づくりがポスト・コロナの主役となりそうです。

このことは当然、街同士の競争の時代の幕開けを意味します。将来にわたって人口は減少を続け、日本は高齢化の一途(いっと)をたどることは逃れようがありません。そんな時代環境の中、「散って」生活することを選択せざるをえなくなったわれわれは、24時間生活して快適な街を自らが選択していく必要があります。そのためのレイヤーづくりがこれからのテーマなのです。

郊外衛星都市の復権

集中から分散へ。それでは、どんな街がポスト・コロナの時代には市民権を得ていくのでしょうか。テーマは「生活」です。

まず、働き方の状況によって住む場所が変わるのは大前提と言えましょう。たとえばテレワークは週2、3日程度で、残りは都心で働く、というのであれば、あまり遠くには住まず、交通の利便性も重視して街を選ぶようにすべきです。ただし、これまでのように会社ファーストだけでの家選びから、条件はだいぶ緩やかになってくるはずです。必ずしも駅徒歩5分以内である必要はありません。街を楽しむという観点で言えば、オールドタウンなどは住みやすいかもしれません。

東京の下町は不動産価格が手頃であるのに、風情があってけっこう楽しめる街が多いです。葛飾の柴又に住んで、寅さんになった気分で下町情緒を楽しんでもよいですし、入谷（いりや）や千住（せんじゅ）など浅草や上野に簡単にアクセスできるようなエリアに住んで、夏の昼下がり縁側で将棋を指（さ）すなどという生活を楽しめるかもしれません。

世田谷や杉並といった山の手地区でも、意外と交通の便の悪いところはたくさんあります。杉並は鉄道路線が東西にしかないですし、世田谷でもバスしか交通手段がないところはいくらでもあります。毎日バスで最寄り駅まで通勤するのは苦痛ですが、週の半分くらいであれば、それほどの負担ではありません。こうしたエリアは、やはり世田谷、杉並ブランドですので環境も良いです。ところが交通の便が悪いところは、賃貸価格が目に見えて落ちます。狙い目といってよいのではないでしょうか。

いっぽう、月3、4回程度、都心の会社に通勤すればよく、基本はテレワークというような仕事になった場合は、さらに選択肢が広がります。大都市圏には、ここ数十年の間で、しっかりとした都市機能を持った衛星都市がいくつも誕生しています。これらの都市は、これまではしょせんはベッドタウンにすぎないという面もありましたが、一日を快適に過ごせる機能を意外と持ち合わせている街も数多く形成されています。

こうした衛星都市は、多くは都心まで通勤で1時間を超え1時間半程度はかかるところが多く、都心居住の進展で家選びの基準から徐々に外されてきました。ところが通勤に費やす時間は大幅に減り、生活ファーストを前面に出しての家選びとなると、ポイントは高くなります。

まずは不動産価格が安いということです。平成バブル期にはこうした衛星都市の不動産価格も高騰しました。横浜のだいぶ奥のほう、たとえば栄区や金沢区、泉区といった住宅地でも1億円を超える物件がごく普通に出回っていましたが、現在は中古物件であれば１０００万円台でも手に入ります。都市機能の多くは横浜に揃っていますので、平常時は横浜に遊びに行く生活を堪能できます。同じ神奈川なら相模原や横須賀、藤沢や小田原といった衛星都市を基点に生活構築することが可能となります。

また千葉なら、船橋や柏、松戸、埼玉なら大宮や浦和、春日部や川越を中心とした生活が送れます。これまでは横浜や船橋から、電車を乗り換えて東京にアクセスしなければならなかったのですが、ポスト・コロナでは最寄りの生活圏にこういった衛星都市があれば、毎日の生活にはあまり事欠かないということになります。

そうした意味ではポスト・コロナにおいては、これら衛星都市がどこまで人々を惹きつけるようなレイヤーを構築できるかが鍵となりそうです。それはただ単に劇場だとか展示場、体育館や図書館といったハコモノがあるだけに限らず、市民サービスや生活支援、災害対応、子育て、教育などあらゆる分野での居心地の良さの構築が問われてくる、と言えるでしょう。

そして差別化のヒントは、トヨタ自動車が裾野市で計画しているような、たとえば「道」といった、あるテーマをもとに徹底して街中にレイヤーを構築することなのです。こうした取り組みを成し遂げることで、衛星都市の中には今まで以上に魅力を増し、平成初期の頃以上に価値を高め、復権を果たすところが出てくるのではないかと期待しています。

さらにテレワークの領域を離れ、リモートワーク、つまり基本的には都心に行くことはなく、仕事は限りなくリモートワークですませることができるようになると、これまでの家選びとはおそらくまったく異なる街を選ぶ人が出てくると思われます。地方都市への人の逆流です。

地方都市の魅力はさまざまです。物価が安い、ということに加えて、不動産価格も大都市圏に比べれば格段に安いといえます。自然が豊かというのも場所によりますが、おおむねそうでしょう。人情がある、これも地域柄がありますので何とも言えませんが、少なくとも都会のような希薄な人間関係ではないでしょう。これまではこうした魅力的な要素は、人によって感じ方は違う、あるいは合う、合わないの違いこそあれ、地方都市の魅力でした。

ただこれまでは移住、定住を考える場合、なかなか地元に満足できるような仕事がない、というのがネックでした。必然としてまだ本格的にやってみたこともない農業に徒手空拳(としゅくうけん)で挑戦する、2、3年で失敗、挫折。周囲との人間関係もうまくいかなくなって失意のもと、都会に帰る、というパターンが多かったようです。

ところが、ポスト・コロナの世界では、慣れない地域で職探しをすることがありません。自分の得意な領域の仕事を、自然環境が豊かで食べ物がおいしく、何といっても物価が安い地方ですることができるようになるのです。ついでに広い敷地で、家庭菜園でもやれば、収穫したトマトやキュウリ、ナスなどで食卓が賑わいます。子供たちもマンション生活で階下の住戸に気を使うこともなく、のびのびと暮らすことができます。地方都市はポスト・コロナでは俄然、注目の住宅地に化ける可能性が大いにあると言えましょう。

地方都市での家選びは完全な生活ファーストとなります。ただ旅行気分で選択するのではなく、その地域で仕事をしながら暮らすことになれば、当然仕事がしやすい環境にあるかはひじょうに重要な要素となります。つまり、Ｗｉ－Ｆｉなどのネット環境が整っているのは言うまでもなく、社会インフラとしてのレイヤーがどれだけ整っているかが勝負となります。

ネットで何でも注文ができる。何もわからない地域の決め事でもネット検索をすれば、一発で理解できる。こちらからの情報発信にもちゃんと対応してくれるところがある。街は開放的でよそ者に対しても親切に対応してくれることは、これまでの移住でも大事なポイントでしたが、これからの「親切」は、生身(なまみ)の親切に加えて、こうしたソフトウェア、通信技術の整備にあるのです。

私が知り合った方に、大分県の国東(くにさき)半島にお住まいの方がいます。この方、もともとは東京のマスメディアの方でした。ところが、今はご家族の健康を第一に考えた結果、現在の国東に居を移され、今でもメディア関連の仕事をされています。

その方が言うには、仕事はどこでもできる、国東に来て、地元でいろいろな活動をしながらときたまメディアの仕事で東京にも行かれるそうです。

彼に言わせれば、国東から東京はけっして遠くないということです。大分空港へは車で20分程度、そこから飛行機で1時間40分。羽田空港から都心まで30分。都合3時間以内で、東京のスタジオに座っている。毎日はできないけれど、月に2、3回なら十分可能だと言います。往復で6時間はかかりますが、月3回なら18時間。サラリーマン時代は毎日往復で3時間。月に直せば20日通って60時間。実は国東にいるほうが、月に42時間も通勤時間が節約できる上に、精神衛生上も平穏を保つことができる、と言います。

集中から分散へ。住むところは自分の好みで選ぶ、生活ファーストは、ポスト・コロナの時代には着実に訪れてきそうです。

都心は限りなくエンタメ都市へ

集中から分散が進む時代、それでは東京都心は今後どのような姿に変貌していくのでしょうか。もう少し詳しく見ていくことにしましょう。

東京都心をイメージすると、何が目に映ってくるでしょうか。

東京は緑が多い都市だと言われます。たしかに東京のど真ん中である皇居は深い緑に覆われていて、緑が少ない大阪などとの違いが際立ちます。ところが、次ページの世界の主要30都市の緑地率ランキングを見ると、世界の主要都市の中で東京はけっして緑地が多い都市とは言えません【図表９】。

東京の緑地率は、１人あたりわずか11平方メートルで25位です。香港の１０５平方メートル、台北の50平方メートルには遠く及びません。ちなみにあまり緑を感じないソウルでさえ23平方メートル、人口が多い上海でも18平方メートルです。緑の少ない大阪はわずか５平方メートル、調査対象30都市中29位という数値です。

森ビル記念財団では世界の主要42都市の総合調査「世界の都市総合ランキング」を実施しています。この調査は各都市を「経済」「研究・開発」「文化・交流」「居住」

[図表9]世界主要30都市における1人あたり緑地面積比率

	都市名	国名	緑地率(㎡/人)
①	ヨハネスブルク	南アフリカ	231
②	香港	香港	105
③	ストックホルム	スウェーデン	80
④	シンガポール	シンガポール	66
⑤	リオデジャネイロ	ブラジル	58
⑥	ワシントンDC	米国	52
⑦	台北	台湾	50
⑧	クアラルンプール	マレーシア	44
⑨	ナイロビ	ケニア	37.3
⑩	ウイーン	オーストリア	29.3
㉕	東京	日本	11
㉙	大阪	日本	5

出所：©都市メモ

「環境」「交通・アクセス」の6つの分野から評価してスコアリングしているものです。

この結果(2019年)を見ると、東京は世界ではロンドン、ニューヨークに次いで第3位となります。ところが分野別で見れば居住で11位、環境に至っては23位と、けっして東京は住むには、評価の高い都市とは言えないことがわかります。

こうした点を踏まえて改めて東京という街を俯瞰(ふかん)すると、都内はオフィスビルが林立しています。同調査の経済分野では第4位ですので、当然と言えば当然ですが、居住性や環境で遅れているということは、オフィスビルばかりという見方もできます。

ポスト・コロナの時代になると、都心に通勤してきて仕事をするというこれまでの働き方に大変革が起こります。そうなると、東京の強みであった経済における優位性はあまり評価される項目ではなくなり、いかに住みやすい東京を造ることができるかが問われるようになってきます。

東京都心部でのマンションはタワーマンションを中心に、最近では香港やシンガポールと見間違えるほどの林立ぶりです。どの建物も超高層で一見立派ではありますが、タワーマンションの建つ立地周辺は、元は港湾地区であったり、元工業地帯であったり、環境や居住性といった点から考えるとイマイチのものばかりです。

またハードとしては優れた建物であっても、たとえば外国人ビジネスマンが東京のタワーマンションを借りて、本国からメイドを呼び寄せても、メイド用の部屋がありません。またマンション内の各種表示でも外国語対応がなされていなかったり、管理形態においてもグローバル化は、いまだ緒（ちょ）に就いたばかりです。

公共施設でも都内に居住する人の目線に立っていません。公共の図書館の多くが夕方5時頃には閉館になる、役所のサービスも然り。マイナンバーカードはいっこうに普及せず、手続きが異なれば役所でたらいまわしにされてしまいます。

日本の都市が外国に比べてIT系で大いに劣っていることは、今回のコロナ禍でも証明されてしまいました。日本人の多くはいまだに日本はアジアの最先進国であると自負していますが、こうした分野において、日本は世界から周回遅れになっているのが現実です。そしてその日本の中心都市、東京こそが、生活するという視点から今後の立ち位置を明確にしていく必要があるのです。

私自身は物心ついてからずっと東京および神奈川で暮らし、働いています。不思議なことに転勤があたりまえのサラリーマンも20年間経験していますが、なぜか地方勤務も外国勤務もありませんでした。そうした東京育ちの私にとって東京の行く末はひじょうに気になります。経済一辺倒で、オフィスビルやタワーマンションばかりが建設される東京に、生活していく上での潤いはなく、日本経済の低迷が長引く中、今後は経済でもその地位を落としていくのではないかと懸念しています。

しかしいっぽうで、私はポスト・コロナの東京を楽観しています。というのも、人々の働き方が根本から変わることが、東京を良い方向に持っていくと確信しているからです。なぜなら、働く人々が通勤に多くの時間を割(さ)くことなく、ゆとりのある生活を楽しめるようになれば、おのずと人は遊ぶようになるからです。また自分の生活スタイルを発見し、そのスタイルに合わせた消費をし、楽しむようになるからです。

東京はそうした意味で今よりももっと文化や芸術の香りがする都になるのではないかと、想像しています。今までの会社ファースト、会社のためにすべてを捧げる生活から多くの人が解放され、増えた自由時間を、東京を楽しむことに費やすようになれば、東京はもっと深みのある都市に成長を遂げるはずです。

今の日本では、お笑い芸人ばかりが持て囃(はや)されています。お笑い自体は人々の心を和(なご)ませるもので、社会の潤滑剤として必要なものだと思いますが、しょせんはお笑いの領域です。テレビ番組ではお笑いやグルメばかりが毎日放送されますが、美術や音楽などの芸術を扱った番組がほとんどなくなってしまっています。限られた時間の中、会社ファーストで生きてきたサラリーマンの多くが、疲れた心を和(なご)ませるだけのお笑いやグルメ、温泉などにしか関心を示せていないのが今の日本の現実です。

心にゆとりが生まれ、毎日の生活の中で自身を磨いていく余裕が生まれてくれれば、文化や芸術はふたたび多くの人に親しまれ、それを愛でる人たちが街の劇場や美術館に足を運び、作品展を鑑賞し、その評価を楽しみながら食事をするようになると思います。また新たに学校に通って、自身の関心のある分野を見出そうとする人たちも増えてくるでしょう。

こうした人々が東京に集まれば、東京はこれまでとは違った姿を私たちに見せることになると思います。世界中のエンターテインメントが集まり、国内外の人たちが楽しむ。

東京で生活することとは、こうしたものに直に触れていく、一つのステータスになっていくのです。ポスト・コロナ時代の東京は通勤する街、オフィスだらけの無味乾燥な街から脱却し、人生そのものを心から楽しむ街へと変貌していくことを期待したいものです。

第6章

「不動産」が変わる

これまでの章では、コロナ禍を契機に、「仕事」が変わり、仕事が変わることで必然的に「会社」が変わる。会社が変わるということはその結果として「消える」ビジネスと「伸びる」ビジネスが明らかになる。これまで会社に縛りつけられてきた多くの勤労者たちにとって、可処分時間が増加し、そのことに伴ってライフスタイルが変化する。ライフスタイルが変わって、自分たちが住む街で一日の多くの時間を過ごすようになると、人々が街に求めるものが変わる。その結果として「街」が変わる。そういったことをお話ししてきました。

それでは、こうした大変革をもたらすこととなる、ポスト・コロナの時代に私たちを取り巻く「不動産」はどう変わっていくのでしょうか。

私自身、不動産事業プロデューサーとしてこれまで数多くの不動産ビジネスを手掛けてまいりました。また多くのクライアントのみなさまにご納得いただけるように、さまざまな角度からのアドバイスを行なってまいりました。いわば、日々実業という意味から生身の不動産に常に接してきた私から見て、ポスト・コロナの不動産は大きな転換点にあるという予感がします。

おそらくあと数年もして、今の状況を振り返るのならば、「ああ、あのときが転機だったのだな」とか「あのときもっと気づいていたなら」と思うのかもしれませんが、時代の転機というものはそんなものかもしれません。つまり、誰しもが変わったな、と気づくときは、すでに時代は「変わって」しまっているのです。

さて最終章では、ポスト・コロナにおける不動産の行く末を展望してみることにします。

私はこれまでも、一般論として地価が上がるとか、マンション相場が暴落するなどという予想屋をやることを良しとしてきませんでした。投資はあくまでもプロの世界ですから、彼らにとって価格が上がるとか下がるというのは重要な指標と言えますが、一般の方々にとっては、あくまでも結果論にすぎないと考えてきたからです。

注目するのは人々の不動産に対する価値観の変化です。そしてポスト・コロナにおいては、これまでも申し上げているように、価値観の相当な変化が起こりそうであることです。不動産の用途別にポスト・コロナ時代を展望していきましょう。

ホテル・旅館は生き残ることができるか

今回のコロナ禍で最も深刻な影響を被（こうむ）ったのがホテルや旅館といった宿泊業界、と言われています。

実際に影響はかなり深刻で、観光庁が発表する宿泊旅行統計調査によれば、20年4月の宿泊施設の平均稼働率は16・6％という惨憺（さんたん）たる成績に終わりました。前年同月が64・7％ですから、落ち込みがいかに深刻であったかがわかります。

カテゴリー別に見てもビジネスホテルが20年4月で25・2％（前年同月78・9％）、シティホテルが11・8％（同82・8％）と目を覆（おお）うばかりの惨状でした。延べ宿泊者数で見ても1079万人泊と前年同月の23％まで落ち込んでいます。とりわけ外国人宿泊者数はわずか26万人泊に留まり、対前年同月比で2・5％の水準になりました。

ホテルなどの宿泊業界には、一般的に以下の5つのリスクがあると言われています。

① 政治リスク

② 戦争・テロリスク
③ 経済リスク
④ 天変地異リスク
⑤ 疫病リスク

政治リスクとは国同士の仲が険悪になり、両国の往来に影響を与えるリスクです。卑近な例では日本とお隣りの国、韓国の仲たがいです。実は宿泊業界は今回のコロナ禍で大きく成績を落としているように見えますが、実は18年夏くらいから、日韓関係が険悪になるにつれ、韓国人訪日客が減少していて、19年の訪日客数は558万人に留まり、対前年比で25%も減少しています。

戦争・テロリスクも、心得るべきリスクです。2001年のニューヨークでのテロに際しては、当時私は三井不動産の子会社の三井ガーデンホテルに勤務していましたが、同じ三井不動産傘下のハワイの超高級ホテル、ハレクラニホテルの稼働率が20%台にまで落ち込む姿を見聞しています。ハワイとニューヨークは直線距離で8000

キロメートルも離れているのに、その影響の激しさに驚いたものです。

経済リスクは、リーマンショックのような大きな経済停滞が生じる結果、人々の移動が減少するリスク。天変地異は11年の東日本大震災のような大地震や火山の噴火、台風などの災害によるリスクを言います。

そして最後が疫病リスクです。実はこれまでも、SARS（重症急性呼吸器症候群）やMERS（中東呼吸器症候群）が世界的に流行し、宿泊業界に影響を与えた例があります。

しかし、今回のコロナ禍は、世界同時多発で猛威を振るい、世界中の人々の足を止める事態に発展しました。そうした意味では他のリスクも含めて、宿泊業界にとってはまさに未曽有(みぞう)の出来事と言ってよいでしょう。

それでは、ポスト・コロナ時代に宿泊業界はどうなってしまうのでしょうか。まず注目しなければならないのが、19年で3188万人を超えていたインバウンド（訪日外国人客）需要がいつになったら戻ってくるのか、あるいは本当に戻ってくるのか、という問題です。

私は、コロナ禍が1918年から20年に流行したスペイン風邪のときのように、やがては人類の手によって終息させられていくと考えています。また、コロナ禍に対する意識が高じて、人々がまったく移動することをやめてしまうとは思っていません。

しかし、ワクチンが開発される、あるいはさまざまな感染症対策が早急に講じられるようになったとしても、コロナ前の水準にまでインバウンドが戻るには、おそらく2〜3年はかかるのではないかと見ています。

したがって宿泊業界は、しばらく我慢の時間を過ごすことになりそうです。ただ、この業界は財務状況が脆弱な企業が多いので、この間において施設の淘汰がかなり行なわれるのではないかと予想しています。

特に18年から20年にかけて都内や京都、大阪では多数の新築ホテルが立ち上がりました。これらのホテルは、土地代が高く、東京五輪を控えて建築費もうなぎ上りの状況下に建設されたものが多いです。営業計画もインバウンド需要を過大に当て込んだものが多かったため、需要が消滅した現在では、借入金が過多な施設では経営が持たなくなるところが増えると予測しています。

淘汰される対象はホテルや旅館だけではありません。ホステルの看板で急成長した簡易宿所や、18年に新法が制定され、設置数を伸ばしてきた民泊のような小資本の施設にとっては、2～3年という時間は死亡宣告をされたに等しいものです。実際に民泊件数は20年5月には前月比で減少に転じました。

そうした意味では今回のコロナ禍は、インバウンドの急増や東京五輪の需要を当て込んで雨後（うご）の筍（たけのこ）のように続々と新築ホテルを建設してきた宿泊業界に、冷や水を浴びせる結果となりそうです。しかし考え方を変えてみれば、今回の騒動で一部「無理筋（すじ）」で進出してきた有象無象（うぞうむぞう）が退場し、業界として再出発するには良い機会になったとも言えるのではないでしょうか。

ポスト・コロナにおいて宿泊業界が再出発をする際に、むしろ気をつけたいポイントは宿泊需要の変化です。コロナ禍において、多くの企業で出張を問い直す動きが顕在化しています。

オンライン上での会議を行なうことを余儀なくされた多くの企業では、逆に社内会議程度であれば、十分できるという認識を持つに至りました。たとえば本社と支社、あるいは子会社間の会議ではこれまで互いが出張をして顔を合わせてきたのがzoomですませるようになると、出張そのものが削減されます。

これはビジネスホテルにとっては相当の痛手になりそうです。ただでさえ、今後の日本は人口減少の影響でビジネスに携わる人の数が減少することが予想されていることから、ビジネスホテルの経営には注意が必要です。

いっぽうでシティホテルが危惧する宴会需要などは、感染症の終息とともに復活してくるものと思われます。またリゾートホテルなども、インバウンドの回復と国内富裕層の増加があいまって、こちらの需要はむしろ今後はかなり伸びるのではないかと考えます。

商業施設の多くが業態転換する

ポスト・コロナ時代の商業施設はどうでしょうか。コロナ禍において大いに威力を発揮したのがＥＣ（電子商取引）でした。ＥＣの世界では人と人とが直接触れあうことなく、買い物をすませることができるため、感染症の恐怖に怯える世の中では高い評価を得ることができました。

商業施設の歴史を振り返ってみると、商取引は物々交換から始まり、貨幣ができると貨幣を通した取引が活発になります。それが街の形成を育み、取引の効率化を求めて多くの商店が同じ場所に軒を連ねるようになります。

日本国内にも多くの商店街がありますが、商店街には個人商店が立ち並び、お客さんは商店街に来れば一日のほぼすべての用件をすますことができるようになりました。やがて、ワンストップで日常のすべての買い物をすますことができるスーパーマーケットが登場し、個人商店を駆逐していきます。

スーパーは商店街のそれぞれの商店が売っていた品物、とりわけ食料品を中心に、そのすべてをスーパーという「棚」に陳列してしまいました。スーパーは食料品のプラットフォームをリアルな空間で実現した売り方であったと言えます。

これを物流の力を借り、より大きなプラットフォームをこしらえて参入したのが、EC取引でした。アマゾンは、当初は書籍から取り扱い始めたと言われています。書籍は、食料品のように腐ったりしないので扱いが容易でした。取扱商品はやがて文房具や家具家電品にも及び、およそ生活に必要なほとんどすべてのものがプラットフォームに乗っかる形で誰でもがサイトにアクセスすることで商品を購入することができるようになりました。

ただ、食料品については、品質保持の問題、配送料の問題などから、スーパーには太刀打ちすることが難しい領域でした。ところが今回のコロナ禍で人々は、飲食店からはデリバリーサービスで食事をオーダーするようになりました。そしてネットスーパーを駆使して、食料品も取り寄せるようになりました。そして、いちいち「密」であるスーパーに赴かずとも注文した食材が配送されるネットスーパーが品質も悪くなく、しかも便利であることに気づいたのです。自分の目で見て確かめないと、食料品の品質は見抜けないと思ってきた「常識」が覆されたのです。

人々の働き方が変わり、在宅勤務をする人が増えてくれば、ネットスーパーはかなりのポジションをつかむようになると思われます。通勤に使っていた時間の無駄に気づいた人たちが、日常の食料品を買うためだけにスーパーに行く時間も「無駄」とか「もったいない」と感じるようになると、おそらくこの領域のビジネスはますます拡大していくことでしょう。

今回のコロナ禍では物販店や飲食店の売上は大幅に落ち込んだいっぽうで、食品を中心に扱うスーパーでは売上が上昇した店が多かったのですが、ポスト・コロナ時代ではおそらく買い物という行動そのものが面倒くさい行動と評されるようになるでしょう。

この動きに一役買うことになりそうなのが、ＡＩです。これまでスーパーに食料品を買いに行くという行動は、スーパーの棚に並んでいる、美味しそうな食料品を眺めながら、今夜のおかずを考えるという効用がありました。

ところがポスト・コロナの時代では毎日のおかずの内容についてはＡＩが、本人や家族の健康状態や季節、気温、湿度などを勘案して、その日の最適なメニューを割り出すようになるはずです。そうなれば、もはやスーパーに出かけてボケッと棚を眺めながらメニューを考えるなどという行動は、多くの人にとって無駄な時間ということになるでしょう。

通勤に加えて、毎日のおかずを探しにスーパーに行く買い物時間からも、人々は解放されることになるのです。

　では百貨店はどうでしょうか。百貨店自体は90年代半ばに売上などではピークを迎え、その後は業績を落とし続けてきましたが、この業界にとって干天の慈雨となったのがインバウンドです。初めのうちこそ、インバウンドが老舗の百貨店などで「爆買い」する姿に眉を顰める向きもありましたが、高級化粧品や宝飾品などの売上が上昇するにつれ、百貨店にとっては上客になっていきました。

　インバウンドが来ないことに加えて、国内富裕層も店に足を向けなくなったコロナ禍は百貨店の経営に大打撃を与えましたが、おそらくこの百貨店という業態は、ポスト・コロナ時代には相当変化しているのではないかと思われます。

　インバウンドそのものは、コロナ禍が収まるにつれて徐々に戻ってくるでしょうが、彼らがまた百貨店の化粧品や宝飾品の売り場を占拠するようになるとは思えません。それは日本人がかつて、海外旅行が解禁になり、一斉に欧米に団体旅行に繰り出し、現地の百貨店や専門店に押しかけて「爆買い」した姿と重なるからです。

　中国などではまだ自国の製品や海外ブランド品に偽物があることから、自国での買い物を信用しない傾向がありますが、かつての日本がそうであったように中国も自国内に洗練されたマーケットを持つようになれば、日本での買い物に血眼になることはなくなるでしょう。すでにその兆候が各地で顕在化している状況を鑑みるに、百貨店がインバウンド需要一本槍でこの先も凌げるとは思えません。

むしろこれからの百貨店は、富裕層などの特定の顧客に的を絞り、ネットなどではなかなか手に入らない高額品を専門に取り扱う業態に転換していくものと思われます。そのためのショールームやショーハウスを持ち、予約した特定の顧客のみに専門のコンサルティングを行なうような形に集約されてくるでしょう。いつの時代でも贅沢をしたい人というのは一定数存在します。その願いに応え続けていくのが、これからの百貨店の使命なのです。

服飾品を含む多くの日常品がネットで取引されるようになり、その購買行動をAIなどの技術がサポートする世界が、ポスト・コロナの商業です。そんな中、飲食店だけは、ネットのみに収斂せずに生き残っていくものと思われます。人の食に対する欲求は尽きないものだからです。

コロナ禍では多くの飲食店の経営が大きな影響を受けました。中には廃業、閉店を余儀なくされたお店も多いと聞きます。飲食業は食材費と人件費の塊で、内部留保をする余裕がないためにこうしたリスクに対してはきわめて脆弱な構造にあります。

しかし、コロナ禍が過ぎ去っていけば、私はこの業界はまたしぶとく生き抜いていくのではないかと期待しています。コロナ前に、インフルエンザを恐れて人と一緒にご飯を食べないという人には出会わなかったからです。

ただ、働き方が変わっていく中で、店舗の立地はより人が居る場所へ、つまり都心部集中の立地から郊外部に拡散していくのではないかと見ています。また、大勢を集めての宴会を旗印にした居酒屋は減少し、家庭や少人数の仲間内を対象としたレストランが隆盛するのではないかと考えています。

ホテルや旅館が昔は社内旅行などの団体旅行で潤っていたのが、個人旅行の時代に淘汰されていったように、人々が在宅や自分の住む街で働くようになれば、会社の仲間だけで遊ぶ団体飲食から、街の中の仲間や家族と過ごす個人飲食の時代に入ると思うからです。

オフィス受難時代の到来

ポスト・コロナの不動産を語る場合、私から見て最も大きな影響を被るのが、ホテルや商業施設ではなく、実はオフィスビルマーケットではないかと思っています。

オフィスビルマーケットは五輪が開催される予定の東京都区部のみならず、名古屋、大阪を加えた三大都市圏から地方四市（札幌、仙台、広島、福岡）のマーケットも20年前半まで絶好調をキープしています。20年5月現在、各エリアの空室率は東京（都心5区）で1・64％。名古屋2・50％、大阪2・18％ときわめて低い水準が保たれています。この傾向は地方都市もまったく同じで、同時期のデータを拾うと、札幌1・94％、福岡2・35％など軒並み2％台の水準にあります。

オフィスの空室率は一般的には4％が貸手、借手の分水嶺（ぶんすいれい）と言われます。つまり4％を超えると賃貸借の条件交渉などでは俄然テナント側が優位に立てる、4％を切るとビルオーナー側が強気になる、そんな水準が4％です。

この物差しで見ると、日本の主要都市は、どこもオフィスは貸手市場ということになります。特に空室率が2％台になると、テナントはほぼ身動きができない状況に陥ります。つまりあるテナントが業容などの拡大で、もっと広い大きなビルに借り換えようと思ってもマーケットには適当な物件がない、という状況を物語っているのです。

今回のコロナ禍では、すでに業務の大半をテレワーク化して、余分となったオフィス床を減らしていこうという動きが一部で顕在化している、との報道が相次いでいます。そのいっぽうで、こうした素早い動きをしているのは、東京の渋谷などにオフィスを構えている新興系のＩＴ企業であって、オフィスビルマーケットそのものに深刻な影響を及ぼすものではないとの見方もあります。

さらに一部のデベロッパーからは、コロナ禍が過ぎ去れば、オフィスにはコロナ前と同様に社員が出勤するようになる。それどころか企業は、従業員の感染リスクを極小化するために社員同士のソーシャルディスタンスを保たなければならないので、社員間の机を2メートル以上離すことが必要になる。だからオフィス床を増床するだろう、との観測まで出ています。

たしかに一部の裕福な企業では、そうした対処をするところもありそうですが、多くの企業では、社内の部署ごとにテレワークができる部署、できない部署に分け、社員の多くをシフト勤務にしていくのが、これからの大きな流れになるのではないかと睨んでいます。そう考えるとやはり、多くのオフィスで床が余るという現象は避けられないものになってきそうです。

本書で繰り返し述べてきたように、人々の働き方の形態そのものが今回のコロナ禍を契機に大きく変わる可能性があるというのが、ポスト・コロナにおける重要な視点なのです。そうした意味では「結局、元に戻る」という意見は、コロナ禍は一過性の感染症にすぎず、働き方そのものには大きな変化は生まれないという前提に立っているということになります。

しかし、そう言っている多くの人たちは、実は古くから存在する大企業の役員たちに多いようです。組織は大きくなるほど保守的になると言われますが、ポスト・コロナでたいした変化は生じず、「元の世界に戻る」と信じたい気持ちも頷けますが、実態はどうでしょうか。

オフィスビルマーケットは、これまで実体経済の好不調に約半年遅れて影響を受けると言われてきました。この伝から行くと、オフィスビルマーケットに予兆が現われてくるのは20年秋以降くらいからになるのではないでしょうか。

実際に空室率がどのくらい上がり、平均賃料がどの程度下がるのか、私は予想屋ではないのでわかりませんが、日本総研の予測では企業従業員の１割がテレワークになった場合、東京都心５区の空室率は15％近くに急上昇し、平均賃料も約２割下落するとしています。これはやや極端な予想にも見えますが、少なくとも分水嶺の４％は意外に早い時期に突破してもおかしくないと思ったほうがよさそうです。

気をつけたいのは、やはり人々のマインドがコロナ前とコロナ後では大きくチェンジしたことにあります。これまでのいわば常識であった働き方が実は違うのだ。違ってもよいのだ。通勤なんてしなくても仕事はできたんだ。という気づきをオフィスで働くほぼ全員が「共有化」できたところにあるのです。

ポスト・コロナ時代において、オフィスはその役割をずいぶん変質させていくのではないでしょうか。これまでは全員がひとところに集まって仕事するという組織体が存在し、その存在を内外にアピールするためにオフィスは必要でした。ところが実際にはオフィス床というものが、必ずしも働く場として必要なものではないとわかった瞬間、オフィスの存在意義を問い直されたのがこのコロナ禍でした。

社員から見れば、会社という「ムラ」の存在を強烈にアピールしてきたのがオフィスでしたが、そのオフィスに通うことが仕事の価値ではないことに気づいたポスト・コロナにおいては、オフィスはただ単に時折、社内外の人と会って互いの存在を確認しあうだけの場になっていくことになりそうです。

存在の確認すら、実際には必要なく、これからは一部のヘッドクォーターのみを残して、組織は限りなくバーチャル化していくものと思われます。このようになると、現在都心部で大量に供給されているオフィス床は、ひょっとすると無用の長物(ちょうぶつ)と化(か)していくことも想像されます。

もちろん、だからといってすべてのオフィスがその存在意義を失うものとも思えません。あらかじめ各社員の役割が明確に決まっているような事業であれば、オフィスという存在なくしても、事業は十分回っていきます。しかしいくらネット上でつながっているからといって、全員がオンライン上だけで事業を遂行していけるとも思えません。そうした意味で、一部の職種ではオフィス床が必要であることに異論はありません。

ただ、ポスト・コロナは、都心部の在り方を確実に変えていくことだけは間違いがなさそうです。多くのオフィスは郊外などのコワーキング施設や企業が独自に展開するサテライトオフィスになっていくでしょう。そうしたオフィスは何も高層ビルである必要もありません。勤労者は分散しているので大きなハコは必要ないのです。郊外の自然豊かなオフィスで働くのが普通の働き方になってくることでしょう。

私は以前ＲＥＩＴ（不動産投資信託）の社長をしているとき、企業ＩＲ（株主、投資家への広報活動）でスイスにあるネスレの本社を訪れたことがあります。そのオフィスはレマン湖のほとりにある低層の建物で、オフィスと湖の間には綺麗に芝生が敷き詰められ、見事な景観であったことが忘れられません。

そのネスレで働く日本人従業員の方とも話をしたのですが、彼はもはや東京に戻ってあのクソ混みの通勤電車に乗って、無味乾燥な高層ビルで働くなんて金輪際できないとうそぶいていましたが、どうやらやっと日本にもそんな素敵なオフィスで働ける時代がやってくることになりそうです。

また、同様の機会で訪れたアメリカのサンフランシスコ郊外の投資家のオフィスも忘れられません。一般の住宅を改装したそのオフィスは、会社の従業員が自由に壁にペインティングし、内装もまるで家の中にいるような居心地の良さでした。

彼らは家から車でわずか10分の所に住み、たまに社員同士で飲むときも近所のレストランか、社員の家でホームパーティーを開くのだと言います。大きな居酒屋で上司にお酌しながらの宴会などまったく必要のない世界なのです。

それでも彼らはきわめてシビアな投資家。パソコンで分析したデータを見せながら、将来の日本の不動産マーケットについて矢継ぎ早に、質問を浴びせてきました。仕事は高層ビルの豪華なオフィスでやるばかりのものではないのです。

ポスト・コロナ時代は、多くのオフィスで集中から分散へと流れが変わってくるでしょう。賃料についてもこれまでは丸の内や大手町ならば坪5万円、六本木なら4万円など、ビルオーナーは、立地さえ確保すれば賃料は自動的に決定されるものと考えてきました。だからそうした土地をまず押さえることがビル業の第一歩でした。

三菱地所が丸の内や大手町を、三井不動産が日本橋を、森ビルが六本木を手放さないのは、その地を押さえていることにオフィスとしての価値があったからです。

しかし、これからはオフィス立地についてそれほど単純な方程式は成り立たなくなってくるでしょう。逆にオフィスではない用途、映画や劇場といったエンターテインメントであるとか、カジノ、高級ホテルとセレブリティ向けの住宅などを組み合わせた新しい都市像の創造が求められることになるでしょう。

こうした立地に土地を押さえれば、まずはオフィスにして賃料5万円をとって事業は成立、あとは容積率の割り増し分でホテルや美術館を組み込んでハイ出来上がり、といった単純な事業企画では勝負が難しくなってくるのです。

ポスト・コロナはオフィス大変革時代の幕開けなのです。

住宅マーケットが変わる

今回のコロナ禍は、ホテルなどの宿泊業や商業施設への影響ばかりが取り上げられがちですが、人々の働き方が変わることによってオフィスのあり方に影響が及ぶことはすでに述べたとおりです。そしてオフィスのあり方が変わってくれば、これまで毎朝毎夕都心にあるオフィスまで、真面目に通勤していた人々のライフスタイルにも一大変革が訪れます。そしてライフスタイルの変革は当然のことながら、住宅マーケットに及んでくることになります。

農業が人を耕作地に定住させてきたように、産業革命が起こり工場の近くに労働者が居を構える、そして現代は多くの事務系ワーカーが都心部にある会社に通勤するための家を買う。これまでは働く場所に近いところに居住するというのが基本でした。それではポスト・コロナ時代に人々はどのような家選びを行なうようになるのでしょうか。

まず、情報通信技術を利用すれば、会社の所在地をあまり気にすることなく、自らが住む場所や家を選ぶことができるようになることから、選択肢は限りなく広くなります。この変化は、これまで都心部に高層マンションを建設して、会社ファーストの需要に応(こた)えてきたデベロッパーにとっても、戦略の大幅な見直しを迫られるものとなります。

人々が「密」を避けるようになったからといって、全員が郊外に住むようになると も限りません。一部の人々は相変わらず都心居住に拘るでしょう。人は都市部におけ る一定の便利さを求めることに変わりはないからです。ただ、人々の欲求によって、 選択するエリアがだいぶ多様化するだろうことは容易に予想できます。集中から分散 への流れです。

都心部に集中することなく、趣味趣向性から幅広いエリアで家が選ばれるようにな れば、地価の形成にも影響が出てきます。都心のブランド立地は、国内外の投資マネ ーが入ってきますので、大きく下落することはありませんが、地価はそれぞれのエリ ア、街の住みやすさで決まる時代になるでしょう。これまでのように全員が同じ価値 観で行動するのではなく、自然派vs都会派、山派vs海派、山の手派vs下町派、大都市 派vs地方都市派など、それぞれの居住の軸が異なる選択が増えてくるでしょう。

ようやく住宅マーケットにも、顧客マーケティングの発想が必要になるのです。 「ようやく」と言ったのは、実はこれまでマンション業界などでは、顧客マーケティ ングの考え方が希薄だったからです。つまり、人々は「当然」のこととして、会社ファーストの家選びしかしないので、都心立地の超高層マンションを建設する。超高層マンションなら、一度に多数の住戸を提供できるので、販売効率がきわめて良い、ということでした。

そこで、ポエムをたくさん描いて、人々をモデルルームに誘い込み、ひとときの夢を持たせ、二度とない立地、早くしないと他の客が買っちゃいますよ、と得意のセリフで買わせてきました。業界にとっての顧客は、会社ファーストを考えるだけの「マス」の存在だったのです。

ところが、人々が自らのライフスタイルに拘りを持てるようになれば、マンションのような画一的な住宅の形態が流行(はや)らなくなる可能性があります。日本の新築マンションは構造躯体(くたい)だけでなく、内装についてもすべてお仕着せの間取り、壁紙や、キッチン、トイレなどの住宅設備をあらかじめ備えてきましたが、これからは顧客が自由にデザインを選ぶスタイルが主流になってくるでしょう。今でも一部でプランの選択は可能ですが、あくまでもデベロッパー側が提供する三択から一つといった画一的なものでした。これからは、もっと顧客の意向を反映したものになるはずです。

また新築住宅に対する拘りはなくなり、中古住宅を自分の好みに応じてリノベーションを施して、自分らしく住むという生活スタイルが定着していくものと思われます。リノベーションこそは顧客が自分の趣味趣向で自由に中身を変えられるものですが、これまでは顧客側がとにかく忙しく、内装のデザインや設備仕様を考えることを面倒に感じたり、そもそも自分の趣味趣向をよく理解していなかったりするために、自らの頭でリノベーションを考えない傾向がありました。

これまでの日本人の生活はあまりに余裕がなさ過ぎました。すべてが仕事中心、子供中心で、大人がゆったりとした時間を楽しむゆとりというものがありませんでした。今回はあまり触れませんでしたが、ポスト・コロナ時代には、子供の教育についても考え方が変わるでしょう。子供たちも学校にあたりまえのように「通学」して、教室で授業を受けることが勉強である、という常識にも楔(くさび)が打ち込まれると見るからです。

コロナ禍では多くの学校が授業を行なうことができませんでした。いっぽうでオンライン授業などをいち早く取り入れて勉強の遅れがないように対策を打ち出す学校が私学を中心に現われました。教育の現場でも、「毎日生徒は学校にやってきて授業を受ける」という従来の常識が打ち破られたのです。ポスト・コロナでは、学校でも毎日登校する必要がなくなるかもしれません。そうなれば、子供の学校を一番に、家選びを行なう「学校ファースト」の家選びにも変化が生まれそうです。

家族が家を基点に、街を活動フィールドとして生活を楽しむようになる。こうしたライフスタイルが定着してくれば、人々は都心居住の呪縛(じゅばく)から徐々に解放されて、分散して居住するようになるでしょう。

生活の楽しみ方もさまざまです。よく、「そんなことを言ったって、都心は便利だし楽しい、だからポスト・コロナになっても都心集中は変わらない」という意見も耳にしますが、生活の楽しみ方をステレオタイプに考えているだけのような気がします。

たしかに映画館で映画を観る、レストランで美味しい料理を食べる、百貨店や専門店で買い物をする、といったスタイルも一部では残っていくことでしょう。

しかし、すべての人がそんなライフスタイルだけが好みであるわけではありません。農業をやりながら時々、パソコンに向かって仕事をする、夜は天体観測をして過ごす、朝夕は海でサーフィンを楽しむ、家に作業場を設けて趣味の木工制作に励む、などなど生活の楽しみ方は都会にだけ存在するものではなく、人それぞれにお気に入りのエリア、場所があるはずです。人はみな都会人になって、都会のネオンだけに憧れるわけではけっしてないのです。

ポスト・コロナ時代の幕開けは、人々が生活するにあたっての幅広い選択肢を得る、ということです。みんなが同じような家選びをするから、需要が殺到し、不動産は値上がりしてきました。単純な論理だったのです。しかし、少なくとも人々の家選びの基準がまちまちになってくれれば、局地的に需要が集中するエリアや街があったとしても、それはごく一部となり、地価は平準化していくでしょう。

このことは、リーズナブルな価格で家を持ちたい、あるいは利用したい人にとっては実にハッピーな時代になることを意味しています。また住宅を提供する側にとっても、これまでの画一的な住宅を、体力に任せて供給してきたビジネススタイルに大きな疑問符が付けられることになるでしょう。中古住宅マーケットはおそらく今まで以上に伸長するでしょうし、リノベーションを自分たちの手で行なうＤＩＹマーケットも大いに伸びるものと予想します。ポスト・コロナの住宅マーケットは大変革の時代を迎えることになるのです。

不動産成功の方程式が変わる

巷には相変わらず、不動産大家さんになって大成功した人の本が持て囃されています。「サラリーマン大家の秘訣」「サラリーマンは寝て儲ける」などといった題名が本屋の棚を飾ります。そのすべての本を読んだわけではありませんが、多くの本に共通しているのが、アパートやワンルームマンションなどを金融機関から融資を受けて購入し、家賃収入で安定した収入を得ていこう、というものです。

とりわけ現在は低金利時代。東京の人口が増加し続ける限りにおいては立地さえ間違えなければ、節税と合わせて多くのキャッシュフローが得られるというのがだいたいのストーリーです。この法則自体は何も目新しいものではなく、以前よりサラリーマン収入を補うものとして喧伝されてきたものです。

私から見れば、自宅として買ったマンションで、値上がりを期待して、どこのエリアのマンションが値上がりするだの、これからは下町が良いだの、思惑で買い求めるよりも、自宅ではない投資案件として不動産をよく勉強して買うほうが悪くない選択だと思っています。

理由は、自宅マンションはフローでは何の収益も生み出さないからです。自宅投資などという考えは、プロの不動産アドバイザーである私から見れば、まるで理屈に合わない危険な投資です。

理由は簡単です。自宅では家賃収入がありませんので、この投資は売買時のキャピタルゲイン（売却益）のみを狙う投資となります。もちろん運が良ければ、３年後、５年後などに買った当初よりも高い価格で売れるかもしれない。最近で言うならば、２０１３年から15年くらいに買い求めたマンションで、結果として価格が上がった物件はいくつも存在します。ただ、それはたまたま東日本大震災で落ち込んだ不動産価格のときにマンションを買い、アベノミクスという金融マーケット操作と都心居住の推進、五輪効果による建設需要の膨れ上がりで、土地と建物建設費が暴騰した結果、新築マンションの価格が高くなり、それに引きずられて中古価格が上がったにすぎない一時的な現象です。

東京都の人口ですら2025年をピークに減少に転じます。ましてや今後、多くの人が必ずしも都心居住をする必要がないビジネス社会になってくれば、単純な都心居住の流れに乗って値上がりしてきたマンションが今後も多数出現するとは考えにくいものがあります。

不動産投資は本来そんなに甘いものではありません。それを自宅で実現しようなどというのは、特にポスト・コロナでは相当難しい挑戦になると思われます。それでは、これまでの王道だった、借入金をしてアパートやワンルームマンションに投資するのはどうでしょうか。

巷で話題になっている不動産投資での成功体験本は、その多くが実は投資するにあたって最も重要なバランスシートについて触れられていません。曰く、家賃収入が1億円になりましたとか、税金でこのくらい節税ができましたとか、会社決算でいう損益計算書（P／L）を語るものばかりです。

肝心の資金調達については、史上最低の低金利であるから、リスクは小さい。不動産関連費用は多くが費用として計上できるから節税になる、などという楽しい話ばかりです。果ては借入を受ける銀行員との交渉術や管理会社に対する管理費用の節減の仕方など、テクニカルな手法の解説に終始したものが多いようです。

しかし、不動産投資で見落としがちなのは、バランスシートのほうなのです。不動産投資を行なえば、バランスシート上では、不動産という資産が積み上がるいっぽうで、負債も計上されます。そしてこの負債は、本来は不動産から計上される家賃収入の中から返済していくべきものです。

ところが多くの不動産投資指南本では、借入金の返済の仕方を解説するのではなく、借入金によるメリットばかりを強調してきました。そして借入金はなるべく長期に組んでゆっくり返済していくものとしか認識していないのです。

たとえば年間1億円の不動産収入がある人は、一見するとものすごいお金持ちに映りますが、表面利回りが5％とするならば、資産は約20億円持っていることになります。しかしそれをすべて現金で買っているかと言えば、多くの場合、借入金で賄(まかな)っているはずです。当然、今後この借入金の元本と金利を払っていかなければならないわけです。

不動産に対する目利きが良く、すべての物件で価格が今後も下がらず、またピンチ（不動産マーケット全体が下落する、金利が上がるなど）のときには、すぐに買い手がつく、築年数が経過してもあまり修繕費用もかからない、税金も安いなど有利な条件がすべて出揃えば、もちろん人生大成功となりますが、現実は厳しいものです。

アパート投資もワンルーム投資も、築年数が経過するにしたがって競争力が落ちます。つまり賃料が下落していきます。理由は次から次へと同じような魂胆で新しい物件が登場してテナントを奪い合い始めるからです。

そうなると同じような企画のアパートやマンションであれば、「新しいもの」のほうが良いという単純な論理で、競争から脱落してしまうわけです。そして築年が経過するにつれて、建物の維持管理コストは膨れ上がり、建物原価が下がるにしたがって、減価償却費の計上などによる節税効果も弱くなっていきます。ところが賃料のほうは下落するので収支はあっというまに暗転してしまうのです。

こうした投資スタイルはやはり経済が常に成長し、人口が順調に増加し続ける限りにおいて成立する投資スタイルなのです。

特にポスト・コロナの時代においては、おそらくこれまでのように思い切りレバレッジ（借入）をかけて、収益資産を買い続けていく投資スタイルは一部のエリアの物件に限定されてくるでしょう。これまでのようにみんな――つまり不動産投資家から見ればテナント――が同じようなライフスタイルで、同じように行動することが少なくなってくるからです。

それでは不動産における成功の方程式は、ポスト・コロナにはどう変わるのでしょうか。おそらく、物件や物件が存在する地域の個別性で、不動産が評価されるようになると私は見ています。

物件の個別性とは、斬新な内装デザイン、完璧な通信環境、生活をサポートするさまざまなシェアリングエコノミー、十分な防犯・災害対策などソフトウェアも含めた多岐にわたるものとなるでしょう。そして地域については、地域としての住み心地がより重視されるようになるでしょう。地域のコミュニティーの充実度、子供を育てる環境、地域内の各種サービスなど一日24時間を過ごすためのあらゆるサポート体制が問われるようになるのです。

建物は単なる新しさ、築年数ではなく、その家を誰が建てたのか、誰がデザインしたのか、など建築にかかわった固有名詞が問われるようになるでしょう。気に入った部屋で自分らしく住む、そんな家がテナントから選ばれる時代になる。

家だけでなく、農地がついている。ちょっとした作業場がある。設備が完璧に整ったキッチンが装備されているなど、これまでの選択肢にはなかった生活を楽しむための仕掛けが施された物件が、高く評価される時代がやってくるのです。そしてその居心地の良さで家賃が形成される、そんな時代になってくると思われます。

不動産投資成功の方程式はポスト・コロナで大きく変わる、と確信しています。そして不動産投資は、ただただバランスシートの右側（負債）を風船玉のように膨らまし続けて、最後に思い切り破裂させて「人生オワタ」にするのではなく、生活の創造をテナントとともに楽しむものになってくるのではないかと考えています。

人生100年時代の生き方改革と不動産

人間の一生は加速度的に伸びています。2015年1月、NHKスペシャル「NEXT WORLD 私たちの未来」において、先進国では1日あたり5時間というスピードで平均寿命は伸び続け、2045年には100歳に到達するとの予測があることが紹介され、話題となりました。2018年10月、厚生労働省の社会保障審議会年金部会は、90年生まれの女性の約20%が100歳まで生きる可能性があり、男性の44%、女性の69%が90歳まで生きる可能性があると言及しています。

これを、現在還暦を迎えた60年生まれに限ってみても、男性の38%、女性の64%が90歳まで生きる可能性が高いとされています。

長生きするのはけっこうなことですが、年金や医療、介護などにかかわる社会保障給付費の急増は国家財政の破綻を招きかねない問題となってきています。2018年度で社会保障給付費は約121・3兆円ですが、国の試算によればこの額は2040年には790・6兆円と、なんと6・5倍に膨れ上がることが予想されています。

そこで打ち出されたのが、高齢者にもっと働いてもらおうというものです。現在、大企業を対象に65歳までの雇用確保義務（全企業適用は25年から）が課せられていますが、これをさらに延長しようという動きがあります。具体的には高齢者の希望次第で70歳まで働くことができる制度を設け、21年4月から適用するものです。

また年金支給もこれまでの60歳から70歳までに支給開始を選択できる制度から、これを75歳まで延長する改正も行なわれました。年金をもらわずに、もっと働き続けることによって、年金支給を遅らせ、その分支給額を多くしようという試みです。このようになると、将来的には現在は65歳からの本格的な年金支給開始がさらに延びるのではないかという危惧も生まれてきます。

年金の支給が夏の道路に現われる「逃げ水」のように先送りにされ、支給額も減額される時代、サラリーマンはこれまでのように60歳定年を前提とした人生計画を描きづらくなっています。

サラリーマンの選択肢は2つです。

定年延長制度に乗って、できうる限り会社に雇い続けてもらうという選択がひとつ。ただし、収入はかなり減額され、昔の部下に仕えなければならないなど、悲哀を味わう日々が待っています。

そして2つ目が、自ら起業する、専門的な仕事で働くなどの選択です。ところが、多くのサラリーマンは、学校を出てからずっと同じ会社で滅私奉公を行なってきた人たちが多いので、自分が勤めていた会社については深い知識があっても、他社、ましてや他分野の会社について何も知見がない、という人が大半になってしまいます。たとえば中小企業診断士などの資格を取っていても、実際に資格を活かした実務を行なってきたわけではないので、いきなり社会に出て顧客を取ってこられるほど世の中甘くはありません。

また企業にとっても高齢者を雇用し続けていくことは、企業経営の大きな重石となってしまいます。日本人の一生と企業の雇用制度が今後、どんどんミスマッチを起こしていくことは明らかです。

つまり、ポスト・コロナの世の中では、サラリーマンとて人生設計を真剣に構築し直す必要が出てくるのです。

たとえば人生70歳まで働くと仮定して、サッカーの試合と同じように仕事を「前半戦」と「後半戦」に分けて戦ってみるのはどうでしょうか。22歳から47歳まで企業で働いていったん定年退職。そして48歳からは後半戦を戦うにふさわしい次のステージを自ら構築していくのです。

多くの大企業では47歳くらいになれば、会社内の出世競争にはおおむね決着がついています。そこで会社は47歳定年制として、選抜した社員だけを経営層として残します。そうすれば、出世できずに不貞腐れた社員に70歳まで延々と働いていただく必要がなくなります。人件費は抑制され、浮いた分を若くて優秀な社員に上乗せできます。重要な役職を早くから与えることもできるようになります。社員も待遇が上がって士気も上がります。国際競争力もアップするに違いありません。良いことづくしです。

いっぽうで志破れた社員にとっても、次のステージに再チャレンジができます。60歳や65歳ならば新しい職種を選ぶことも難しいですが、47歳であればまだまだ体も若く、チャレンジがしやすいというもの。違う会社に入って役員をやってもよいでしょうし、独立起業するにも十分時間が残されています。47歳定年であれば、それまでの間も緊張感を持って仕事をし、当然人生の後半戦に向けて作戦を立てて生きていくことをおのずと選択するようになります。働いている間でも勉強するでしょうし、副業も真剣に始めることでしょう。

他方で国は、これまでのように高齢者ばかりを対象にした社会保障制度を見直し、立ち行かなくなった人たちに手厚い失業手当や大学までの教育費の無償化などを支援するような制度設計の変更が必要になるでしょう。社会保障の役割は高齢者のためだけにあるのではありません。これまでの制度の延長線上の考え方でいくら小手先をいじくっても、もはや問題の解決には程遠い状態に日本は陥っています。サラリーマンも国の手厚い支援のもと、何度でも活躍できる社会にすること、これこそが高齢化社会ニッポンの未来図なのではないでしょうか。

ポスト・コロナ時代において、多くの日本人が、これまでの常識から自由になり、人生二毛作、三毛作を構築し始めれば、不動産に対する価値観も大きく変わるはずです。都心部にあるオフィスに通うために、膨大な借入金でマンションを買うという行為も、少なくなるでしょう。リモートワークが中心の働き方になれば、自分の趣味趣向に合わせた家選びがあたりまえになるでしょう。自分が好む街に住み、好きな時間に好きな仕事をする。会社という組織に従属し続けるのではなく、人生のステージごとに働く内容、働く場所を変えていく、つまり人生を自らがスケッチしていくたびに、そのステージに相応しい家やオフィスを選択していくようになるでしょう。

このように考えるならば、家は何も一生かけて買うものでもなく、時と場合に応じて「住みこなす」もの、消費財に近い存在となってくるでしょう。そして人はこれまで不動産に対して、稼いだお金のかなりの部分を支払っていたことをやめ、自分の人生を充実させるための軍資金として活用し始めることでしょう。ポスト・コロナで時間のゆとりが生まれ、さらにお金のゆとりが生まれる。これが人生をさらに豊かなものにしていくのです。

おわりに　分散型ネットワーク社会の到来

　今回のコロナ禍は、日本社会に大きな惨禍（さんか）をもたらし、20年8月現在でも終息するどころか、さらなる感染拡大が懸念されています。人々は感染を恐れ、家に引き籠（こ）もり、一部の住民は監視警察となって、自粛を遵守しない人々の非難を始めました。社会は不穏な空気に覆（おお）われ、経済は大きなダメージを受けつつあります。そして命を守るのか経済を優先するのか、などといった頓珍漢（とんちんかん）な議論までが巻き起こり、社会を分断しかねない勢いです。

　コロナウイルス自体は、感染症の一つです。これまでも人類をピンチに追い込んだ感染症は数知れず発生してきましたが、いずれも人類の手によって克服されてきました。そうした意味で、今回のコロナウイルスについても、私は人類の叡智（えいち）によって必ず終息の方向に向かうであろうと信じています。

　今回のコロナ禍でむしろ注目されるのが、中国の武漢市で発生したと思われるコロナウイルスが、世界中に瞬（またた）く間に拡散したという事実です。これまでもＳＡＲＳや

MERSといった感染症、古くはスペイン風邪、香港風邪といった感染症が猛威を振るってきましたが、今回の感染拡大は驚異的なものでした。その原因として今回クローズアップされたのが、世界がこれまでとは比較にならないほど「密」になっているということでした。世界中の人、もの、カネが瞬時に移動する社会にあって、感染症の脅威は「密」によって、これまで以上に恐ろしいものとなったことが証明されたのでした。

いっぽうで都市のあり方にもコロナ禍は大きな課題を提示しました。資本主義の世の中が進展する中で、人々は都市に集中して働くことによって労働生産性を飛躍的に高めてきました。人と人が触れ合う機会は激増し、こうした人々の動きを情報通信が加速させてきました。コロナ禍は密になった都市で、あたかも瞬時に伝送されるかのように広まっていったのです。

人類にとって、これまで当然のように考えてきた「集中」「効率」の概念をコロナ禍は一気に覆(くつがえ)したことになりました。しかし、これまで非効率と思われていた「分散」した社会構造で働くことが、意外にも現在の情報通信端末やソフトウェアで十分可能であることを証明する機会を提供したことになりました。世界中の人々が同時期に「分散」しても大丈夫、いや分散することの快適性に気づいたのが、今回のコロナ禍がもたらした副産物だったとも言えそうです。

分散型社会を支えるのが、情報通信を基軸としたネットワーク社会です。すでに人々の生活のかなりの分野においてネットワークインフラが構築されつつあります。ところが残念なことに、日本の不動産業界の中でまだ、この分野で未来を指し示す企業は現われていません。不動産は、特にこの不動産テックと呼ばれる分野がいまだに成長していないのです。

ただ、今回のコロナ禍によって、人々の意識が変わる、ライフスタイルが変わる、ということは有無(うむ)を言わせず、これまでの不動産の考え方にも大きな影響をもたらします。

私は、こうした動きはむしろ歓迎すべきものと考えます。不動産はもっと身近に、消費財を扱うように、その場その時のニーズに合わせて利用していく概念がより強くなっていくべきだと考えるからです。

分散型ネットワーク社会が大いに成長していくことで、東京一極集中も解決されてくるでしょうし、郊外衛星都市が初めて「働く」機能も装備して、ただのベッドタウンから真の意味での衛星都市となり、地方の中でも輝く都市、街が出てくる、と思っています。コロナ禍は多くの人の命を奪い、経済をめちゃくちゃにしてきましたが、いっぽうで私たちがこれまで当然と思っていた社会常識を変革し、新しい時代のライフスタイルを生み出すきっかけを作ることにもなりそうです。

ポスト・コロナの時代に安心して平和に暮らせる社会の実現に、今こそ人類の叡智の結集が問われているのです。

★読者のみなさまにお願い

この本をお読みになって、どんな感想をお持ちでしょうか。祥伝社のホームページから書評をお送りいただけたら、ありがたく存じます。今後の企画の参考にさせていただきます。また、次ページの原稿用紙を切り取り、左記まで郵送していただいても結構です。

お寄せいただいた書評は、ご了解のうえ新聞・雑誌などを通じて紹介させていただくこともあります。採用の場合は、特製図書カードを差しあげます。

なお、ご記入いただいたお名前、ご住所、ご連絡先等は、書評紹介の事前了解、謝礼のお届け以外の目的で利用することはありません。また、それらの情報を6カ月を越えて保管することもありません。

〒101-8701（お手紙は郵便番号だけで届きます）
祥伝社　新書編集部
電話03（3265）2310
祥伝社ブックレビュー　www.shodensha.co.jp/bookreview

★本書の購買動機（媒体名、あるいは○をつけてください）

＿＿＿新聞の広告を見て	＿＿＿誌の広告を見て	＿＿＿の書評を見て	＿＿＿の Web を見て	書店で見かけて	知人のすすめで

★100字書評……不動産激変

名前

住所

年齢

職業

牧野知弘　まきの・ともひろ

1959年、アメリカ生まれ。東京大学経済学部卒業。ボストンコンサルティンググループを経て、三井不動産に勤務。2006年、J-REIT（不動産投資信託）の日本コマーシャル投資法人を上場。現在は、オラガ総研株式会社代表取締役としてホテルや不動産のアドバイザリーのほか、市場調査や講演活動を積極的に展開。不動産関係の数多くの著書を執筆している。祥伝社新書に『空き家問題』『民泊ビジネス』『インバウンドの衝撃』『不動産で知る日本のこれから』などがある。

不動産激変（ふどうさんげきへん）
――コロナが変えた日本社会

牧野知弘（まきのともひろ）

2020年 9 月10日　初版第 1 刷発行

発行者……………辻 浩明
発行所……………祥伝社しょうでんしゃ
〒101-8701　東京都千代田区神田神保町3-3
電話　03(3265)2081(販売部)
電話　03(3265)2310(編集部)
電話　03(3265)3622(業務部)
ホームページ　www.shodensha.co.jp

装丁者……………盛川和洋
印刷所……………萩原印刷
製本所……………ナショナル製本

Printed in Japan　ISBN978-4-396-11611-8　C0233

〈祥伝社新書〉
牧野知弘の本

295
なぜビジネスホテルは、一泊四千円でやっていけるのか
次々と建設されるB・Hの利益構造を明らかにし、業界の裏側をはじめて明かす
牧野知弘

371
空き家問題
1000万戸の衝撃
毎年20万戸ずつ増加し、二〇二〇年には1000万戸に達する！ 日本の未来は？
牧野知弘

477
民泊ビジネス
インバウンド激増によりブームとなった民泊は、日本経済の救世主か？
牧野知弘

523
業界だけが知っている「家・土地」バブル崩壊
団塊ジュニア直撃か!? 激変する不動産事情をプロが実例を示してわかりやすく解説！
牧野知弘

601
不動産で知る日本のこれから
なぜこの国の未来は不動産の動きから予測できるのか？ 第一人者が明かす、明日の日本とは
牧野知弘